北京市优秀人才培养资助项目研究成果
项目名称：北京市企业科技人力资源管理伦理问题研究
项目编号：2011D005022000001
项目来源：北京市委组织部

科技人力资源管理伦理与绩效

房宏君　著

中国劳动社会保障出版社

图书在版编目(CIP)数据

科技人力资源管理伦理与绩效/房宏君著. —北京：中国劳动社会保障出版社，2013

ISBN 978-7-5167-0144-7

Ⅰ.①科… Ⅱ.①房… Ⅲ.①企业管理-人力资源管理 Ⅳ.①F272.92

中国版本图书馆 CIP 数据核字(2013)第 020199 号

中国劳动社会保障出版社出版发行

(北京市惠新东街 1 号 邮政编码：100029)

出 版 人：张梦欣

*

中国铁道出版社印刷厂印刷装订 新华书店经销

880 毫米×1230 毫米 32 开本 5.75 印张 152 千字

2013 年 1 月第 1 版 2013 年 1 月第 1 次印刷

定价：22.00 元

读者服务部电话：(010) 64929211/64921644/84643933

发行部电话：(010) 64961894

出版社网址：http://www.class.com.cn

引　言

在社会主义市场经济条件下，企业是加快国家科技创新和社会进步的重要经济主体，因此，企业科技人力资源的开发和利用就显得格外重要，并影响着我国经济的健康发展和社会的和谐进步。经过深入的实践调研发现，目前我国企业科技人力资源管理过程中存在着诸多的伦理问题，例如存在科技人员招聘歧视、培训资源不合理利用、绩效考核不公平、薪酬管理不科学和科技人员身心健康得不到保障等现象，这些现象直接导致企业科技人员工作积极性不高，科技人力资源管理效率低下，进而影响企业生产绩效和社会责任意识等问题，严重阻碍了企业科技创新和社会经济健康发展。

本研究以国内数十家科技企业的科技人力资源管理实践为研究对象，在分析识别企业科技人力资源管理过程中存在的诸多伦理问题基础上，借鉴管理学、伦理学、心理学、经济学和科学学等相关理论，科学界定了企业科技人力资源管理伦理及其相关基本概念，分析了与企业科技人力资源管理伦理相关的基础理论，开发出了企业科技人力资源管理伦理测量量表，描述了企业科技人力资源管理伦理存在的主要问题和形成原因，实证分析了科技人力资源管理伦理对企业人力资源管理及企业绩效的相关影响，构建了企业科技人力资源管理伦理理论框架及调控模型，并以其为基础，提出了加强企业科技人力资源管理伦理建设总体策略，如加强以企业履行社会责任为主导的伦理监督管理、开展以伦理价值为核心的企业文化建设、进行以个体道德素质提高为根本取向的培训与教育、开展以兼顾效率与公平为理念的绩效和薪酬管理等。上述合理的建议将对解决我国现阶段的科技人力资源伦理问题，充分挖掘企业科技人力资源的潜力，实现以人为本的科技人力资源管理，加强企业人力资源管理伦理建设，提升科技人力资源管理绩效和企业绩效，加快社会科技进步和经济发展产生积极的作用和影响，具有较强的理论意义和现实意义。

目　　录

第一章 绪论

第一节 选题背景与研究意义

一、选题背景

《中国科技人力资源发展研究报告》(2008) 指出，科技人力资源是指在社会生产过程中，实际从事或有潜力从事系统性科学和技术知识的产生、发展、传播和应用活动的人力资源，既包括实际从事科技活动（或科技职业）的劳动力，也包括可能从事科技活动（或科技职业）的劳动力。科技人力资源作为科技资源的重要核心，具有创新性和革命性，也是支撑一国科技知识的生产、传播和应用的重要载体，在推动一国经济社会发展方面发挥着举足轻重的作用。因此，国际间的科技人力资源竞争已经成为国际综合实力竞争的核心和焦点，如果一国拥有大量的、稳定的以及高素质的科技人力资源，就会促进科技创新的进步和社会经济的发展，在世界各国综合国力的竞争中占有优势或占据主动地位。目前，世界各国无论是发达国家还是发展中国家，都把科技人力资源视为重要的战略资源和提升国家竞争力的核心要素，大力加强科技人力资源建设，培养和造就了大批高素质的并具有创新精神的科技人才。

企业是加快一国科技创新和进步的主体，企业科技人力资源的开发和利用就显得更为重要，直接影响着经济的发展和社会的进步。我国企业科技人力资源数量及规模很大，根据中国科学技术协会调研宣传部和发展研究中心 2008 年 4 月发布的《中国科技人力资源发展研究报告》调查数据显示，截至 2004 年年底，我国企业科技人力资源总量就已经达到 2 348 万人，占我国全部科技人力资源总量（4 360 万人）的 53.8%，由此可见其数量之大，如能充分发挥其潜能将对经济发展起到重要的促进作用。尽管我国企业科技人力资源数量巨大，但却存在科技人力资源流动量较大、综合素质不高、高技能人才匮乏等情况，并且企业内部的科技人力资源管理存在着大量的伦理问题，如科技人力资源招聘歧视、培训不公平、绩效考核及薪酬福利不公正等，这些现象直接导致企业科技人力资源管理效率不高、企业生产绩效低下及社会责任意识不强等问题，并严重阻碍了企业的科技创新和社会经济的发展。因此，现阶段急需加强对企业科技人力资源管理伦理问题的研究，包括识别科技人力资源管理伦理现象，描述企业科技人力资源管理伦理问题，探究这些问题形成的主要原因、影响因素、调控机制及作用规律，从而提高企业科技人力资源管理水平，有效开发科技员工的工作潜力和能力，提高科技人力资源管理绩效和企业绩效，促进企业目标的实现和社会经济的健康发展。

二、研究意义

从理论上来说，开展企业科技人力资源管理伦理问题研究，拓展了企业人力资源管理的研究视野和领域，初步构建了科技人力资源管理伦理研究的理论框架。自从彼得·德鲁克（Peter F. Drucker）于 1954 年在《管理的实践》一书中提出了“人力资源”概念之后，人力资源作为经济和社会发展的重要而稀缺的资源这一管理理念已经得到人们普遍的认同，也为一些西方市场经济发达国家的发展经验所证实。现代人力资源管理理论吸取并融合了各种相关理论的研究成果，产生了许多新的研究领域，如从政治学中引申出了资源依赖理论，从经济学中发展出了工作成本理论，从企业战略中形成了人力资源战略理论，从心理学中概括出了行为理论等，可以说人力资源管理理论得到了前所未有的发展。然而，从伦理学视角开展有关企业科技人力资源管理的理论研究还很薄弱。一方面，大多数理论研究是关于企业一般人力资源管理的伦理问题研究，如从伦理管理的角度出发，研究和讨论普通员工的招聘、培训、绩效考核、薪酬福利及职业生涯设计等存在的伦理问题，并提出相应的建议和措施等；另一方面，从科技人力资源开发和利用角度研究科技人力资源的内涵及其特点，考虑投入和产出的关系以及采取何种方式或手段以有效开发科技人力资源的潜能，提高他们的工作绩效以促进组织目标实现等。目前，还很少从管理伦理及其实现的角度出发去探讨企业科技人力资源管理问题。因此，本研究从管理与伦理相结合的视角探讨企业科技人力资源管理问题，试图构建有针对性地解决企业科技人力资源管理伦理问题的理论框架，有助于拓展企业科技人力资源研究的理论视野，也为企业科技人力资源管理伦理问题的解决提供了实践依据。

从现实意义上来看，该研究揭示了制约当前企业科技人力资源管理实践健康可持续发展的根本问题，对于确立适应中国国情的企业科技人力资源管理价值导向具有现实意义。目前，我国企业科技人力资源数量巨大，居于世界各国前列，对于企业进行科技创新、提高企业绩效、实现社会经济目标和社会效益影响重大。然而，企业在科技人力资源管理实践过程中存在着大量的伦理问题，包括科技人力资源招聘歧视问题、选拔任用不合理、绩效考核及薪酬管理不公正及员工身心健康得不到保障等，给企业发展及社会稳定带来隐患。其中，比较典型的如 2010 年 9 月的“富士康事件”。由 20 所高校正式发布的《“两岸三地”高校富士康调研总报告》，重点揭露了富士康的违法违规行为：如强制加班、超时加班违反《劳动法》，克扣加班费违反《劳动法》，滥用学生工违反《实习见习条例》，漠视职业安全隐患违反《劳动法》和《职业病防治法》，“私了”工伤事故违反《工伤保险条例》等，报告调查的目的不止于揭露富士康的违法行为或是富士康“集中营”式的管理模式，而是呼吁全社会共同反思这种以牺牲劳动者基本尊严和身心健康为代价的企业发展模式。2012 年 2 月 9 日，美国纽约十多个社会团体、超过 20 万名抗议者来到位于纽约中央车站旁最大的苹果专卖店，递交超过20万人签名的请愿书，呼吁苹果公司改善海外工厂，尤其是中国工厂生产及技术人员的工作环境，关注员工的身心健康。我国富士康公司技术员工连续跳楼事件以及美国20万人签名呼吁苹果改善血汗工厂的事件说明企业在追求经济利益的同时，在一定程度上忽视了科技人员的身心健康及其全面发展，过于追求效率而忽视公平价值，容易给员工及其家庭带来灾难性影响，值得全社会关注和反思。人们不仅希望这些企业的科学技术不断领先，也希望它们能够主动承担社会责任，关注员工健康成长，成为业界对科技员工进行伦理管理的领头羊。然而，并不是所有的企业都只顾追求经济利益，较好的伦理管理榜样如安捷伦公司（2000年于北京成立，2009年于上海成立分公司），从2003年起，多年连续在美国、中国大陆和台湾等多个国家和地区多年被评为优秀雇主，该公司积极推行人性化管理，积极尊重和信任员工，关爱和体贴使得员工经常不舍离开办公室；该公司管理者和员工的薪资水平公开在内部网站上，只有在业务部门取消时才进行裁员，安捷伦与著名的人力资源培训公司DBM公司签订合约，对全球所有即将离职的员工提供就业指导，积极帮助员工再次就业等；专注和责任是安捷伦的伦理管理价值观，也是这家60亿美元的科技巨头不断前进的信心之源。因此，既要注意到众多的管理伦理问题影响了科技人力资源个体科技创新能力的提升和身心健康的全面发展，影响企业目标的实现和社会经济的发展，又要深入分析一些优秀企业的科技人力资源管理伦理事件和影响，寻求有效解决方案。可见，研究并规范企业科技人力资源管理规制，有利于加强企业科技人力资源管理的伦理价值观建设，使企业真正树立以人为本的管理伦理观念，坚持人的全面发展理念；有利于解决目前企业科技人力资源管理效率低下等问题，能够调动和发挥科技人力资源的潜能，加快企业科技创新和进步，以实现组织目标，积累社会物质财富；有利于企业树立科学的可持续发展观念，强化社会责任意识，努力减少目前一些企业因科技开发和应用而造成的环境污染、气候异常、资源破坏严重等社会问题，以加强社会精神文明建设，促进和谐社会的建设进程。

第二节 基本概念与研究综述

一、基本概念

科技人力资源的概念是在 20 世纪 60 年代后诞生和发展而来的。1995 年经济合作与发展组织（OECD）和欧盟发布的《科技人力资源手册》（即《堪培拉手册》）全面、系统地分析解释了科技人力资源的基本概念及分类标准，该手册按照国际教育标准分类和国际标准职业分类分别对科技人力资源的教育和职业范围进行了界定，认为科技人力资源是指完成了科学技术学科领域的第三层次教育，或者虽然不具备上述正式资格但从事通常需要上述资格的科学技术职业的人。此后，OECD 和欧盟各国关于科技人力资源的定义基本都是围绕该手册的界定进行的。国内学者徐治立（2001）认为，科技人力资源是对具有一定研究能力和专门技术能力，能够参与科技活动、促进科技发展的人的总称，通常叫科学技术人员或科技人员，它属于人力资源中质量较高的一部分；中国科技促进发展研究中心的刘峰等将科技人力资源定义为能够作为特定生产要素投入到特定社会经济活动领域的劳动人口，这些劳动人口主要依靠他们所掌握的现代科学技术知识为社会创造经济财富。杨宏进（2005）认为，科技人力资源是指实际从事或有潜力从事研究与发展、科技成果转化与应用及科技服务这三类科技活动的人。2008 年 4 月，由中国科学技术协会发布的《中国科技人力资源发展研究报告》正式指出，科技人力资源是指实际从事或有潜力从事系统性科学和技术知识的产生、发展、传播和应用活动的人力资源，既包括实际从事科技活动（或科技职业）的劳动力，也包括可能从事科技活动（或科技职业）的劳动力。由于该概念具有一定的权威性和科学性，同时具有国际可比性和可测性，故在本研究中，对科技人力资源的定义即采用该概念。经过对上述概念进行对比分析，发现它们分别是从构成类别、工作能力、功能目的及综合特征等不同角度进行定义的。也就是说，我国学界把科技人力资源分为三个层次。第一，从事科技活动人员：与国际标准中“科学技术人员”相对应；第二，科技领域的专业技术人员（科技工作者）：包括工程、农业、卫生、科研和教学人员五类；第三，R&D人员。对上述人员进行的科技人力资源管理则包括宏观科技人力资源管理和微观科技人力资源管理。宏观科技人力资源管理是对整个社会中的科技人力资源进行管理，是各国政府的一项重要管理职能，包括对科技人力资源开展整体战略规划、进行科学配置、制定教育投资和培训政策、引导科技人力资源的合理流动等；微观科技人力资源管理则是指对企事业、社会团体等单位内部的科技人力资源进行管理，包括科技人力资源的开发和利用两个方面。开发是指通过投资、招聘、培训和保护等环节来挖掘科技人力资源的潜力，以提高其生产能力；利用则是指通过人力资源规划、工作分析、激励、绩效考核、薪酬管理等环节使科技人力资源得到最充分有效的使用。根据《中国科技人力资源研究报告》的统计，截至2004年年底，我国企业科技人力资源就已经占全部科技人力资源总数的53.8%以上，而且有逐年上升的趋势；同时，企业是进行科技创新、促进经济发展的重要主体。因此，从这个角度看，开展企业科技人力资源的研究也具有重要意义。

结合上述观点，本研究将企业科技人力资源界定为：在企业经济活动中，能够为企业带来经济效益和社会效益的实际从事或有潜力从事研究与发展、科技成果转化与应用及其他科技服务活动的人力资源。该定义能够反映出企业科技人力资源的基本特征、功能目的及构成类别等，也体现了科技人力资源的内涵和外延。相应地，企业科技人力资源包括研发人员、科技成果转化与应用人员以及科技服务人员。另外，结合OECD《科技人力资源手册》（1995）中对科技人力资源的鉴定标准，企业科技人力资源也必须满足下列两个条件之一：一是完成科技领域大专学历教育或大专以上学历（学位）教育的劳动力，或按联合国教科文组织《国际教育标准分类法1997》的标准分类在科技领域完成第五级或以上教育的劳动力；二是虽然不具备上述正式资格，但从事通常需要上述资格的科技职业的人力资源。从企业科技人力资源的概念和构成条件上看，企业科技人力资源群体具有受教育程度较高、专业知识丰富、自主独立性强、流动性大、注重自我价值实现等特点。企业科技人力资源管理属于微观科技人力资源管理，是企业通过人力资源规划、工作分析、招聘、培训、绩效考核和薪酬管理等环节对其内部的科技人力资源进行的有效开发和利用，以期达到对科技人力资源最充分、最有效的使用。在注重加强企业管理伦理建设的今天，要达到对企业科技人力资源最充分、最有效的开发和利用，则必须加强科技人力资源管理伦理建设，其有利于企业科技人力资源管理效率的提高。

二、国外研究综述

国内外关于企业科技人力资源管理伦理研究的文献资料极少，多数组织和学者只是从科技人力资源管理和企业人力资源管理伦理两个角度开展了大量的研究。

（一）关于科技人力资源管理的研究

1. 国外组织机构的科技人力资源管理的研究。1995 年，联合国教科文组织、经济合作与发展组织等国际组织对科技人力资源的理论方面进行了深入研究，包括对确定科技人力资源的规范定义、指标体系和测度方法的研究，其中较有影响的研究成果是联合国教科文组织和欧盟统计局研究发布的《科技人力资源手册》，该手册从资格和职业两个维度来界定科技人力资源的构成条件，并对其概念内涵、测度指标以及存在的问题进行了详细解释，提出了国际上第一个有关科技人力资源统计的分类指标体系和测度标准规范等（《中国科技人力资源发展研究报告》）。该手册对于学者开展该领域的研究具有重要的参考价值。国外组织的研究主要有：（1）关于科技人力资源国别的研究，包括在科技人力资源的规模与结构测度的数据基础上研究相应的战略规划和配置政策。如兰德公司的研究报告《美国面临科技劳动力的短缺吗》、欧盟委员会的《增加欧洲的科技人力资源——欧洲需要更多的科学家》等都探讨了科技人力资源规模及结构对国家发展的影响。(2)与科技人力资源的培养与开发直接相关的教育、培训制度的研究，如美国的《科学——无尽的边疆》报告强调改进科学教学的重要性及教学方法改进的必要性；美国国家科学基金会的《科学与工程指标》对科学家和工程师的培养与发展的专题论述等。(3)与科技人力资源的国际流动有关的引进、留学及移民制度等研究。很多国家都对本国的科技人力资源流失密切关注，并提出了有关的应对措施，如联合国教科文组织专门发布的《人才流失还是人才获得》《OECD国家中侨民和移民的统计》等都讨论了一些国家科技人才流失现状和发展趋势等问题。

2. 国外专家学者的科技人力资源管理研究。为了更加科学、直观地了解国外学者关于科技人力资源管理的研究情况，本研究采取了绘制知识图谱的方式进行分析。在社会科学引文索引（SSCI）数据库中，以"Human Resource in Science and Technology"或"HRST""Human Capital in Science and Technology""Technical Staff""R&D Staff"等科技人力资源术语作为标题的检索主题词进行检索，从1998年1月到2012年5月，共检索到324条与科技人力资源密切相关的"article"类型文献资料，下载的文献资料包括作者、机构、摘要、关键词、年份、期（卷）及参考文献等。面对众多繁杂的引文数量及其结构，科学计量研究可以进一步对引文结构进行分析，以揭示某一研究领域更多的信息和规律，其中最著名的就是共被引分析（co-citation analysis）。共被引分析不仅可将对某一研究领域最具有影响力的关键文献、权威作者和核心期刊等识别出来，还可以对该领域的研究情况进行分类，进而鉴别研究领域中存在的不同学术群体结构及其亲疏关系。本研究采用Citespace软件进行图谱绘制和数据分析，通过使用网络版CiteSpace（V. 2.1）知识图谱软件，并对软件中引文（C）、共被引（CC）、共被引系数（CCV）三个参数适当调整，对从SSCI数据库下载的这些数据资料进行了关键词共现分析和作者共被引分析（ACA）等，以展示近10多年来国际范围内科技人力资源管理研究的主要热点和权威作者等，达到对该领域的研究情况有全面的了解。

3. 国外科技人力资源研究的热点分析。结合文献共被引的分析结果，本研究采用词频共现的方法对关键词进行共现分析，以探讨该领域的研究热点，见图1—1和表1—1。

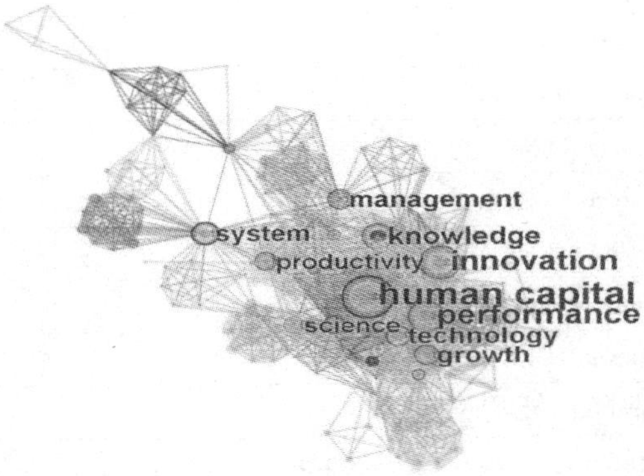

图1—1 1998—2012年国外科技人力资源研究关键词共现图谱

Fig. 1. 1 Keywords co-occurce map of foreign HRST research, 1998—2012

表1—1 1998—2012年国外科技人力资源研究关键词高频列表

Tab. 1. 1 The list of high-frequency keywords of foreign HRST research, 1998—2012

序号	关键词	频次
1	human capital（人力资本）	27
2	innovation（创新）	24
3	performance（绩效）	21
4	technology（技术）	17
5	knowledge（知识）	16
6	system（体制）	14
7	management（管理）	14

续表

序号	关键词	频次
8	growth（成长）	13
9	productivity（生产）	13
10	science（科学）	13
11	industry（工业）	13
12	impact（作用）	13
13	strategy（战略）	12
14	enterprise（公司）	12
15	model（模型）	11
16	human resource manage（人力资源管理）	10
17	turnover（职工流动率）	9
18	education（教育）	9
19	research & develop（研究与发展）	8
20	information technology（信息技术）	8

通过共现词频分析，从表1—1中可以看出，首先，“人力资本”（human capital）已经成为国外科技人力资源研究的热点，这也是一般人力资源管理中一个重要研究内容，Wright M（2007）、Marvel MR和Lumpkin GT（2007）都对技术型企业人力资本的影响及作用进行了分析。其次，“创新”（innovation）排在研究领域中出现频次的第二位，20世纪60年代，美国经济学家华尔特·罗斯托把“创新”的概念发展为“技术创新”，又将“技术创新”提高到“创新”的主导地位；美国国家科学基金会（NSF）也从60年代对技术变革和技术创新开始进行研究；70—80年代开始，有关创新理论的研究进一步深入，并开始形成系统的理论（Marceau J & Turpin T，2007；Marvel M R，2007）；目前，世界各国对科学技术及其创新的重要性的认识越来越深刻，已经认识到科技人力资源作为科技资源的核心，具有明显的创新性特征，其数量与质量是一个国家创新能力的

基础，并从根本上决定着这个国家的创新水平和创新绩效。再次，关于“绩效”（performance）的研究排在第三位，对科技人力资源而言，绩效是一个国家科技创新或组织技术创新期望的结果，是国家或组织为实现其目标而展现在不同层面上的有效输出，它包括个人绩效和组织绩效两个方面，国外学者对这方面进行了深入研究（如 Nag R，2007；Ying-Chyi Choua，2008；Studdard N，2008 等）。最后，“技术”（technology）、“管理”（management）、“体制”（system）、“成长”（growth）等也成为国外科技人力资源研究的热点；“知识”（knowledge）和“战略”（strategy）是知识图谱中比较重要的突现词，其出现频次发生了明显变化，是近几年来该领域研究的前沿问题。

4. 国外科技人力资源研究的作者共被引分析。结合文献共被引和关键词共现分析的结果，本研究对该领域中的作者共被引情况进行了分析（见图 1—2），以探索该研究领域中的权威作者及研究网络群体。

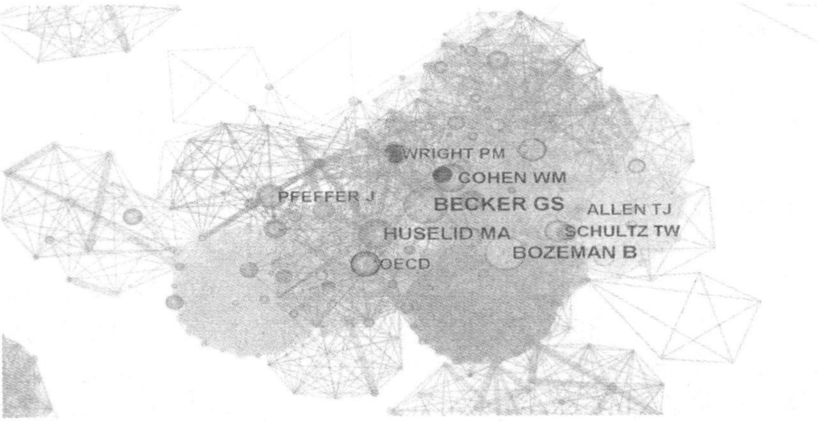

图 1—2　1998—2012 年科技人力资源研究的作者共被引图谱

Fig. 1. 2　Authors co-citation map of foreign HRST research，1998—2012

表 1—2　1998—2012 年科技人力资源研究的作者共被引列表

Tab. 1. 2　The list of authors co-citation of foreign HRST research 1998—2012

序号	中心性	被引频次	作者
1	0.45	16	OECD
2	0.26	10	BARTEL AP
3	0.25	11	GRILICHES Z
4	0.17	12	COHEN WM
5	0.16	11	LUCAS RE
6	0.13	19	BECKER GS
7	0.09	15	BOZEMAN B
8	0.07	16	HUSELID MA
9	0.06	13	SNELL SA
10	0.05	15	ALLEN TJ

作者共被引分析主要从作者中介中心性的角度出发进行研究。中介中心性较高是指那些中心性超过 0.10 且被引频次较高的关键节点，这些节点在整个知识网络结构中起到了重要的中介桥梁作用，对某一领域知识的传播具有较大的影响力和控制力，是重要的关键节点。从表 1—2 中可以看出，首先，经济合作与发展组织（OECD）的中心性最大，为 0.45，被引频次较高，是非常重要的关键节点，对科技人力资源领域研究的方向起到了重要的指引作用。这是因为在科技人力资源的概念、指标体系和测度方法等研究方面，影响最大、阐述最全面的正是 OECD 和欧盟统计局于 1995 年研究发布的《科技人力资源手册》。该手册提供了科技人力资源的资格和职业界定标准，对其定义、内涵、统计指标以及存在的问题进行了权威的解释和分析，提出了国际上第一个有关科技人力资源统计的分类指标体系和测度标准（中国科技人力资源发展研究报告，2008），成为其发布以后科技人力资源研究领域中进行理论分析和实践管理的重要指导标准和科学依

据。其次为 BARTL A P，其中心性为 0.26。哥伦比亚大学的 BARTEL A P 教授研究发现，技术变革较快的制造业的生产工人更有可能接受正规公司培训；在较快的技术变革过程中，低技能的非产业工人比高技能非产业工人明显得到更多的培训；技术变革将在两个方面影响老年工人的退休决定；此外，他又分析了不同行业之间的技术变化与工薪之间的关系等，这些研究成果影响较大。再次是 GRILLICHES Z，他于 1969 年提出资本与技能的互补性，认为高技能劳动和物质资本的互补性强于低技能劳动和物质资本的互补性，换言之，低技能劳动更容易被物质资本所替代；他对研发人员与劳动生产率增长贡献的相关问题做出了详细研究；1990 年对作为经济指标的专利统计情况进行了调查研究；1994 年，通过分解熟练劳动工资结构的变化来解释技术进步和国际贸易对产品需求的影响等。Lucas R E 是芝加哥大学客座教授、新古典宏观经济学发展中的核心人物，1995 年被授予诺贝尔经济学奖。他尤其强调要通过教育积累人力资本，通过边干边学来积累特殊专业人力资本等观点。此外，Cohen W M、Becker G S 和 Bozeman B 等也是中心性较高且被引频次较高的作者，对科技人力资源研究领域具有较大影响的代表人物。

此外，通过期刊共被引和研究国家、研究机构的共现分析，发现国外科技人力资源研究领域的权威期刊、核心期刊主要包括《美国经济评论》《管理学会评论》《科学》《组织科学》《管理学会杂志》《管理科学》《IEEE 工程管理汇刊》等，主要国家包括美国、英国、加拿大、新西兰、法国、意大利等，主要研究机构为美国佐治亚理工学院、威斯康星大学、美国加州大学伯克利分校和英国诺丁汉大学等，主要的研究学科领域涉及管理学、经济学、工程学、心理学、计算机科学、运筹与管理科学等。

5. 国外科技人力资源研究的来源文献内容分析。近几年的来源文献也体现了国外学者对科技人力资源管理研究的重视。来源文献研究的内容可以归纳为以下几个方面：一是对科技企业中的人力资本重要性及投资进行了相关研究。如 Wright M（2007）对技术型企业的人力资本及其作用进行了分析和研究；Marvel M R 和 Lumpkin G T（2007）对 145 个科技创业内运作大学下属的孵化器的抽样调查结果表明，一般和特殊的人力资本都非常重要，并指出了技术激进革新与企业中技术人员的正规教育和技术知识优势呈正相关等。二是对科技人员的创新及开发利用进行了相关研究。如 Marceau J 和 Turpin T（2007）指出，创新归根结底是人的创新，创新者往往是科学家和技术人员；Ying-Chyi Choua 等（2008）认为，对一国竞争力的分析应该集中于技术的应用和对科技人力资源的开发和利用，他们认为评价每个国家的 HRST 能够提供重要信息，也是进行研究的一个重要议题。三是对企业科技人力资源管理及责任等进行了研究。如 Studdard N 和 Darby R（2008）对美国和芬兰的 52 个高科技企业进行调查，确定的关键变量包括技术能力、信誉、关系质量和人力资源管理，调查数据表明，提高企业和孵化器管理者之间关系的质量就会增强对人力资源知识的获取，从而提高企业的市场声誉和技术能力；Angel P O 和 Sanchez L S（2009）分析了公司中研发部门的人力资源管理实践情况，指出研发部门管理者的最大责任就是要使公司的人力资源管理实践与其部门的特征相适应，并提出了如何提高人力资源管理实践的适应性的建议。四是对科技人力资源的利益及薪酬等进行了研究。如 Nag R（2007）调查了通过新的、非技术知识的“嫁接”方式企图将高技术研发机构转变成一个以市场为导向的组织的做法，并对这种战略转型的意图没有实现的原因进行了研究，体现出了利用知识来完成工作的高技术员工努力维护集体利益的做法；Mithas S 和 Krishnan M S（2008）研究了美国有关信息技术（IT）专业人员补充的供应方和需求方的影响因素，通过对相关数据的研究发现虽然一般企业能够认识到 IT 专业人员的价值，但却发现公司对 MBA 支付更多的奖金，认为 MBA 的价值更大些，这项研究的结果让人怀疑 IT 技能是否是公司的一个重要组成部分等。五是对科学家伦理道德、社会责任、互动合作及科技创新的研究。如 Koepsell D（2010）对具有危险性的技术研发进行了分析；Longstaff H 和 Schuppli C A

(2009) 对科学家的干细胞研究伦理问题进行了探讨；Smith-Doerr L (2008、2009) 对英国、意大利和美国生命科学家的道德教育情况进行了研究；Ding W W 和 Levin S G 等 (2010) 研究了信息技术对学术科学家产出和合作模式的影响，并分析了 IT 技术对科学家学术产出的重要推动力作用；Rothberg J 等 (2010) 对科学家的十大创新进行了分析等。

上述文献记录的共被引分析、共现分析及来源文献内容分析在一定程度上反映了国外科技人力资源研究领域中较有影响的重要文献、研究热点、权威作者、核心期刊及主要研究领域，为国内外科技人力资源的理论研究和实践管理奠定了良好的基础。

（二）国外企业人力资源管理伦理研究

文献表明，国外关于企业人力资源管理伦理的研究比较成熟，主要集中在对企业人力资源管理的伦理困境和不道德行为的讨论方面。(1) 关于企业人力资源管理的伦理问题界定及表现。国外关于企业人力资源管理伦理的研究起源较早，Frank Loewenberg 和 Ralph Dolgoff (1988) 认为伦理困境就是人力资源管理实践中的伦理特性问题或伦理因素问题；Gandz 和 Hayes (1988) 指出，人力资源管理实践中伦理管理的难点包括歧视问题、心理测试、对工会的抗议活动、工作安全、个人隐私、习惯性行为和保密性；Mdagan (1989) 提出了许多人力资源管理伦理问题体现在差异化管理、组织和个人需求不平衡、建议缺乏真实性等方面；美国人力资源管理协会确定了 40 个人力资源管理实践不道德事件，其中最严重的问题有以个人偏好进行招聘、实行差别薪酬政策、基于亲缘关系的员工晋升问题、员工评价缺乏绩效因子考量及性别歧视等；Fusilier、Worley 和 Elliot (1996) 的研究调查表明 10 个最严重的伦理问题中有 6 个都是和人力资源管理相关的；Winstanley 和 Woodall (2000) 指出，现代人力资源管理中的弹性制度、组织承诺、文化和绩效管理方面存在很多伦理问题，包括员工评估、晋升和职级划分的公平性、管理者关心员工的义务、员工自主管理和获得尊重的权利、隐私权、组织需求和员工个人利益的冲突等；2001年，Wooten指出，人力资源管理不道德行为包括泄露员工个人资料、强迫对方接受自己的意见、忽视员工的安全和健康问题、缺乏诊断和解决问题的能力等；Ryan（2006）通过问卷调查和采访等方式发现波兰的人力资源管理存在严重的伦理问题，包括招募伦理问题、雇佣伦理问题、绩效考核和晋升伦理问题等。（2）关于企业人力资源管理伦理问题的影响。Wood（1997）指出，现代人力资源管理的伦理化水平仍然处在低迷状态，存在较严重的伦理缺失问题，影响了人力资源管理作用的发挥；Mathis和Jackson（1997）指出，人力资源管理中的不道德行为将会引发有关公平、正当、诚信和社会责任方面的一系列问题；Payne和Wayland（1998）指出，人力资源管理人员的道德责任或义务是值得质疑和探讨的，人力资源管理道德责任的不同内涵似乎已经由雇佣关系的不同价值观等所影响，人力资源管理要做好教育和开发计划工作，让学生知道这些对比鲜明的价值观，同时帮助他们依靠树立良好的道德观和履行道德义务来获得成功；Brun P和Dugas N（2008）分析了企业中员工被认可的重要性，指出今天的员工需要得到组织认可，并且从4个角度进行分析：伦理观角度、人文角度、工作心理动力角度和行为期望角度，同时也探讨了员工被认可的形式：个人认可、成果认可、工作实践认可、工作奉献认可等。（3）关于企业人力资源管理伦理问题的应对。Bartels、Harrick、Martell和Strickland（1998）调查研究探讨了组织伦理氛围的强度与严重的人力资源管理伦理问题之间的关系，发现二者之间呈负相关关系，并指出通过干预组织伦理氛围的强度来帮助改善或解决人力资源管理伦理问题；Carolyn Wiley（2000）指出，其研究主要关注建立人力资源管理伦理的准则问题，Wiley根据六项道德义务研究分析了五项管理伦理准则，这五项准则要求管理行为具有诚实性、合法性、赋有能力、忠诚性和保密性；Wooten（2001）指出，人力资源管理伦理困境是角色情景导致的结果，他强调人力资源管理的伦理困境与角色情景存在一种因果关系，并设计出人力资源管理伦理困境的角色情景模型等；在伦理问题解决方面，Michelle R G

(2002) 在“Ethics and HRM：A Review and Conceptual Analysis”一文中回顾并分析了人力资源管理伦理研究的情况，并指出了以往人力资源管理伦理研究的缺陷和不足之处，尤其是无视利益相关者理论，强调伦理道德作为人力资源管理一个最低要求的标准，尽管存在各种指导原则和行为规范，但是却是可以测量和评估的；Harrison和Kessels (2004) 指出，人力资源管理职业人员必须以合理的伦理原则为基础，通过相关的伦理框架模型来确定他们履行职责所应采用的途径和方法；Mirvis 和 Seashore 把角色理论引入伦理困境的研究中，并从理论和实践方面进行了探讨；另外，Wiley 也提出了一些有效的措施来解决伦理准则实施过程中出现的问题，并为将来人力资源管理准则的研究提供了良好的建议；Wright P M 和 Snell S A (2006) 提出，人力资源专业人员是否愿意采取捷径以牺牲职业道德和价值观获得管理资格，他们分析了经常面临的 3 个挑战，分别是创造价值观、价值观转移以及生活价值观对其影响，提出要警惕和维护组织的战略能力、人才和价值观，并提供了一个解决组织观念和职业价值观念冲突问题的模型；Dianna L S (2008) 分析了美国人力资源管理中对少数民族及族裔的歧视现象，指出现有研究的缺点和不足之处，并提出了解决这类问题的建议和策略；Bayo-Moriones A 和 Larraza-Kintana M (2009) 分析了利润分享计划和员工情感承诺（员工的伦理行为）之间的积极关系，利润分享在改善员工情感承诺方面对于低参与的员工是明显的，对于高参与的员工则有很小的影响，此文分析了利益分享计划对加强员工情感承诺道德行为管理的影响及对策。

由此可见，西方学者很重视人力资源管理伦理问题的研究，对人力资源管理伦理困境也进行了深入的分析和研究，并提出了合理、有效的解决对策及建议。但是其缺乏系统的理论构建，特别是对企业科技人力资源管理伦理问题对企业绩效的影响尚需进一步深入，此为本书试图回答的问题和填补的答案。

三、国内研究综述

（一）关于科技人力资源管理的研究

国内相关组织对科技人力资源管理的研究。我国在经济生活实际中关于科技人力资源的概念较多，如科技工作者、科技活动人员、科学家、工程师及科技人才等，这些概念在某些角度比较客观地反映了科技人力资源的情况，但不能全面深入地反映科技人力资源的全貌，或仅具政策意义。1992 年，中国科技部正式发布的《中国科学技术指标》全面阐述了中国科学技术发展状况和趋势，该书中不仅具体阐明了科技人力资源的定义，而且辟有专节对我国科技人力资源的总体规模和基本情况进行了阐述。目前《中国科学技术指标》从广义的角度阐释科技人力资源的概念：科技人力资源是指实际从事或有潜力从事系统性科学和技术知识的产生、发展、传播和应用活动的人力资源。2008 年 4 月，由中国科学技术协会调研宣传部和发展研究中心发布的《中国科技人力资源发展研究报告》对科技人力资源进行了系统、科学的研究。研究报告主要围绕以下几个方面展开：一是明确界定了科技人力资源的定义和内涵；二是对我国科技人力资源发展的历史脉络进行了梳理；三是针对科技人力资源的特质，构建了中国特殊的科技人力资源理论分析框架；四是按照不同的统计口径，测算了我国科技人力资源的总量规模；五是分析了我国科技人力资源的结构及其流动情况；六是对全球科技人力资源的分布及其流动情况进行了较为系统的分析等。在宏观科技人力资源的战略规划和配置方面，中国人事科学院《中国人才报告 2005》对中国专业技术人员的基本情况与美国、日本、韩国等进行了比较分析，指出要提高专业技术人员的教育水平，同时也分析了人才培养和能力建设的发展状况等；在就业保障和人才流动方面，中国科协《全国科技工作者状况调查报告》（2004）对科技工作者的社会保障、福利状况等进行了分析研究，同时对科技工作者的流动状况进行了调查研究。

国内专家学者的研究。以《中国科技人力资源发展研究报告》中关于我国科技人力资源的不同分类名称，如科技活动人员、科技工作者、科技人力资源、科技人才、技术人员、研发人员、科研人员、科技管理人员等作为标题检索词，在中国期刊全文数据库里进行检索，查询到了2001—2011年各年份的研究论文数量及关注度情况。通过对图1—3进行分析，发现关于科技人力资源研究的数量由2001年的377篇上升到2011年的1 161篇，总体呈现明显上升趋势。

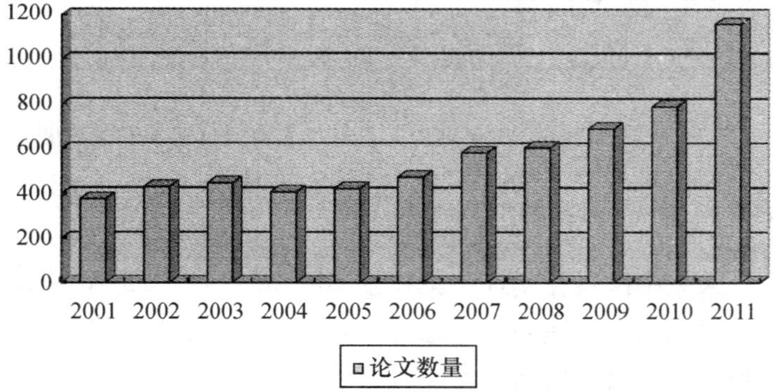

图1—3　2001—2011年国内科技人力资源研究发表文献数量统计图

Fig. 1. 3　Statistics figure of research articles on domestic HRST，2001—2011

从图1—4中可以发现，1997—2011年专家学者对科技人力资源的关注度也呈逐年上升趋势，并且其研究成果主要体现在《科学学与科技管理》《中国科技论坛》《科技进步与对策》《科技管理研究》《科技日报》及《科技情报开发与经济》等几个重要期刊上。国内的专家学者在借鉴和学习OECD研究成果的基础上，开展了相关的研究工作：（1）关于科技人力资源战略及发展的研究。李国祥在《关于我国农业科技人力资源规模问题的探讨》（1998）中对我国农业科技人力资源的规模进行了分析，并提出了稳定扩大农业科技人力资源规模的一些建议；胡鞍钢的《人力资源开发战略：从人口大国到人力资本大国》（2003）分析了市场经济条件下如何建立一个自由流动、公平竞争的统一人才市场；浦树柔在《人口大国的科技人才匮乏》（2004）

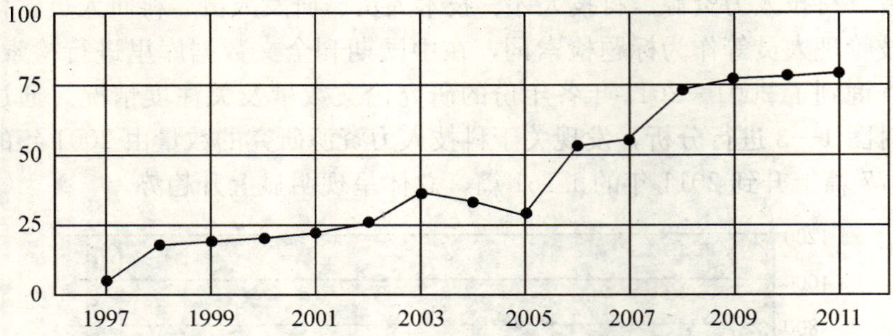

图 1—4　1997—2011 年国内关于科技人力资源的学术关注度

Fig. 1. 4　Demestic academic attention on HRST，1997—2011

资料来源：中国期刊网 CNKI 学术趋势，2012

中指出，未来中国科技实现跨越式发展的核心制约因素在于能否培养和造就一批真正有深邃的科学思想，有国际一流的学术能力，能够组织、规划、完成重大创新的世界级科学家，并提出了有关国家中长期科技发展规划应从战略上来关注科技人才的专家呼吁；郑道文（2004）认为，中国是一个人力资源大国，应该采取措施变成人力资源强国，让大量剩余劳动力到国际劳动力市场去寻找出路等；何国祥（2008）通过对科技人力资源的定义研究，以及对我国科技人力资源总量的调研，获得了总量规模及其多个角度的结构状况，对我国科技人力资源的流动进行了初步分析，并对目前科技人力资源领域及其研究中存在的问题进行了深入的思考；李燕萍、施丹（2009）运用问卷调查和统计分析手段，对中部地区科技人力资源的流动态势进行了实证研究，指出影响中部地区吸引、留住科技人力资源的主要问题，并提出增强中部地区科技人力资源流动“引力”的科技人力资源开发政策和措施建议。（2）关于科技人力资源开发和利用的研究。杨京京的《印度政府对科技人力资源的使用》（1996）对印度人力资源的使用、管理及其对本国科学技术的影响进行了分析；李慧云的《大中型工业企业科技人力资源开发利用能力的综合比较研究》（2003）提出了综合比较研究的基本思路、指标体系的建立和权数的确定、计算结果分析，并提出了相关建议等；王奋、韩伯棠（2006）通过对影响区域科技创新能力要素的分析，构建了基于科技人力资源区域集聚指数的知识生产模型，提出科技人力资源区域集聚效应可以利用单位经费投入产出来度量，并通过近4年的数据分析了不同区域的科技人力资源的集聚效应；王馥瑶、杜跃平（2008）认为，科技人力资源是一个国家极为重要的财富，其现状与发展趋势可从某一方面反映一个国家科技竞争力的水平，并通过对我国科技人力资源现状分析的基础上，就充分开发和利用提出了增加科研经费、提高研发人员收入及充分利用海外人才等建议。（3）关于科技人力资源激励的研究。国内多数学者认为，在市场机制中通过知识产权保护、技术入股等措施对优秀的科技人员实行有效激励，还需要政府发挥积极的引导作用，完善各种激励制度和措施，在物质和精神方面同时给予激励。罗继荣在《科技人力资源可持续激励问题改革刍议》（2005）中探讨了科技人力资源可持续激励问题；娄伟、李萌在《我国科技人才创新能力的政策激励》（2006）一文中对科技人力资源创新能力的政策激励因素进行了分析和研究；王胜利在《大型国有企业创新型科技人才激励模式探讨》（2007）一文中分析了大型国有企业由于受传统人事管理体制的束缚，在创新型科技人才激励方面存在不足，并提出科学合理的激励建议和措施；王小琴在《高科技企业科技人才评价与激励》（2007）中指出我国科技人才评价中存在的重要问题，并对科技人才从智力素质、身心素质、能力素质、绩效素质和思想品德素质等五个方面设置了一套较为完整的评价考核指标体系等；肖晋等在《论自主创新型科技人才的激励方法》（2008）中论述了自主创新型科技人才激励的必要性，并提出了成就激励、能力激励、环境激励和物质激励的激励办法；苏兆德在《中小企业科技人才激励机制存在的问题与对策》（2009）一文中描述了当前我国中小企业科技人才激励机制存在的主要问题，并提出了加大物质激励、职业培训以及充分授权等对策。（4）关于科技人力资源管理创新的研究。杨占武在《科技型企业的人才资源管理模式创新》（2004）一文中分析了科技型企业人才资源的特点，指出科技型企业人力资源管理组织结构的设计必须充分考虑知识型员工的特点及其需求，人才创新管理模式要树立“创新人”的新理念，改革管理制度以形成完善的激励机制等；罗继荣、刘建华在《六论改革完善我国科技人力资源开发与管理制度》（2006）中探讨了我国科技人力资源职务结构比例标准建设工作中存在的问题，提出了改革我国科技人力资源职务结构比例标准及其建设工作的基本设想；黄文平在《科技创业企业人力资源管理问题及对策》（2009）中认为，如何做好人力资源管理创新是科技创业企业最应重视的问题，他总结了科技创业企业在人力资源管理方面存在的人力资源观念滞后、人力资源管理体系建设不完善、人员激励不足等问题，并提出了相应的管理创新对策；陈玮等在《中小科技型企业人力资源管理模式发展研究》（2009）中指出了目前我国人力资源管理模式仍然没有完全摆脱传统人事管理模式的禁锢，建立真正适合自己的人力资源管理模式迫在眉睫，并就中小科技型企业人力资源管理模式提出了新的建议。此外，一些学者对科技人力资源的部门、区域、行业及学科等相关领域进行了研究，尤其关注国有企业科技人力资源使用效率不高、行业分布不合理及高水平科技人才不足等问题。

（二）关于企业人力资源管理伦理的研究

近几年来，国内关于企业人力资源管理伦理的研究呈上升趋势，主要体现在对企业中一般人力资源管理的伦理问题的研究，如招聘问题、绩效考核问题、薪酬福利问题及激励问题等，并提出企业人力资源管理应遵循的伦理原则、伦理规范和相应的建议对策等，对于促进企业人力资源管理的伦理建设起到了良好的规范和引导作用。（1）人力资源管理的伦理问题界定及表现研究。吴红梅在《企业人力资源管理中的伦理问题探析》（2005）一文中指出了企业管理的核心是对人的管理，伦理问题是企业人力资源管理中不可避免的一部分，同时也提出了企业人力资源管理伦理问题的判定原则，并对企业人力资源管理中的伦理问题进行了分析；李倩在《人力资源招聘中的伦理问题研究》（2007）中对企业人力资源招聘中的伦理问题表现进行了分析和研究，并提出了相应的措施和建议等；冯明、郭雅丽（2008）针对国外当前人力资源管理中伦理问题日益突出的情况，讨论了人力资源管理伦理困境的分类，阐述了国外人力资源管理伦理困境的角色情景模型，并对其产生进行了因果分析；刘琴在《人力资源管理中的伦理问题研究》（2009）一文中指出伦理问题出现在所有类型的人力资源管理活动中，分析了人力资源管理中伦理问题出现的原因，并从人员选拔、绩效评估、薪酬福利、培训发展四个方面对 HRM 中伦理问题做了探讨。（2）企业人力资源管理的伦理价值观研究。王芳、周庆翔在《人力资源管理中的伦理观》（2001）一文中指出了我国企业人力资源管理在招聘、用人及绩效考核等方面存在的伦理观念问题，并结合实际提出要创建我国企业人力资源管理过程中的新型伦理观；夏绪梅在《企业人力资源管理中的伦理取向》（2004）一文中从企业人力资源管理中伦理观念的历史演变及其内涵出发，提出互惠互利、诚信、公平公正原则是企业人力资源管理伦理观念应遵循的基本伦理原则；单方利在《强化企业人力资源管理中伦理观的建设》（2005）中指出，职业伦理观是企业文化建设的重要内容，职业经理人应当有与其服务企业相适应的职业伦理观，并强调培训是形成职业伦理观的重要途径；敖兰的《浅议"以人为本"的价值观与人力资源管理》（2008）认为，企业文化通常被描述为反映企业自身特点、企业员工普遍认同、遵守的价值观和行为规范体系，企业文化必然会对企业人力资源管理产生较为深刻的影响，并提出了如何加强企业文化中的"以人为本"的价值观建设和避免的误区等。（3）人力资源开发和利用伦理问题的研究。田秀云在《人力资源配置和管理的伦理思考》（2001）一文中提出人力资源的开发和利用要充分认识道德因素的重要性，人力资源配置在宏观上应坚持全面提高人口素质的伦理价值取向，重视人力资源开发和利用，促进社会主义市场经济发展的伦理价值取向，协调好劳动者之间协作配合的伦理价值取向，在微观上应遵循以人为本、合理公正及集体主义的伦理原则；王雷在《绩效评估目标的伦理问题研究》(2003)一文中指出，绩效评估是人力资源管理的重要环节，受到企业高度重视，但在实际工作中，无论是管理者，还是普通员工，人们一直有意回避着绩效评估，导致这一结果的根本原因在于评估中缺乏对人的关怀；曾鹃、李小容在《家族企业人力资源管理的伦理开发》(2005)中分析了传统伦理在家族企业人力资源开发和利用中的作用和缺陷，并结合实践情况提出了人力资源开发和利用过程中伦理的重新构建；张利华等(2008)以对女性科技工作者及其所在单位的男性科技工作者的调研为基础，分析了女性科技工作者选择科技职业的时期和影响因素以及其能力发挥的现状和影响因素，并提出了促进中国女性科技人力资源开发的政策建议等。(4)企业人力资源管理伦理问题解决的研究。杜士权在《企业人力资源管理的伦理原则探析》(2007)一文中指出企业人力资源管理要合乎伦理的要求，发挥伦理作用，并从企业人力资源管理的伦理原则的六个方面，即以和为贵、人道原则、公正原则、诚信原则、民主原则和激励性原则进行了探析；李元、张来春在《高科技产业人力资源管理伦理问题研究》(2007)中指出人力资源管理中的伦理问题已成为影响当代高科技产业可持续发展的重要因素，并分析了由高科技产业“股东价值观”“利益相关者理论”和“商业秘密保护”所产生的人力资源管理伦理问题，提出了促进高科技产业人力资源管理伦理建设的建议等；黎红辉在《伦理视野下企业人力资源的和谐管理》(2008)一文中通过分析企业人力资源管理现状，初步探讨了其问题产生的根源，提出完善企业人力资源和谐管理的基本措施等；于嘉临、刘畅在《企业人力资源管理中的伦理问题及对策》(2009)中认为，解决伦理问题需要从建立人本管理的理念入手，在人力资源管理的各项职能工作中践行人文精神和伦理观念。黄晓晔在《企业人力资源的伦理化管理》(2009)中指出，构建企业人力资源伦理化管理模式，应当树立以人为本的观念，坚持互惠互利、诚实、公平公正等伦理原则，将伦理因素纳入人力资源管理制度流程，对员工进行伦理化培训。总之，国内学者对企业人力资源管理不同阶段、不同职能及各环节的伦理问题进行了研究和探讨，并提出了有效的建议和措施。

此外，国内学者还对科学家这一重要科技人力资源的社会责任、伦理责任及科学精神、人文精神进行了研究。如叶继红（2001、2002）以“曼哈顿计划”为例，分析了奥本海默悲剧的杰出贡献和悲惨结局，提出必须具有科学良心和社会责任，在追求真理的同时也要造福人类；张春美（2008）对科学家社会责任的文化价值进行分析，认为它有助于推进科学诚信，促进科技公平竞争，加强科学家社会责任感，实现科技伦理价值，体现人文科技观；李科（2010）对中西科学家社会责任做了比较研究，同时论述了我国科技伦理的特点；关永军（2002）从哲人科学家的角度提出科学精神和科学素养是素质教育极为重要的组成部分，推行素质教育，在某种程度上就是增强科学精神、提高科学素养等。

四、小结

总体而言，国外关于科技人力资源管理伦理主要涉及以下两大问题：（1）对人力资源管理伦理问题的界定及表现进行了研究（Worley，1996；Wooten，2001；Ryan，2006）；（2）对人力资源管理伦理问题的影响及解决措施进行了研究（Michelle 2002，Harrison & Kessels，2004；Wright P M，2006；Brun J P，2008；Dianna LS，2008；Bayo-Moriones A，2009）。国内关于企业人力资源管理伦理的成果主要表现在以下四个方面：（1）企业人力资源管理伦理问题界定及表现（吴红梅，2005；李倩，2007；冯明、郭雅丽，2008；刘琴，2009）；（2）企业人力资源管理的伦理价值观（夏绪梅，2004；单方利，2005；敖兰，2008）；（3）企业人力资源开发和利用伦理问题（王雷，2003；曾鹃、李小容，2005；张利华，2008）；（4）企业人力资源管理伦理问题的解决（杜士权，2007；李元、张来春，2007；黎红辉，2008；于嘉临、刘畅，2009；黄晓晔，2009）。

通过对与企业科技人力资源管理伦理问题研究的文献资料进行研究分析发现，可以说这两个方面的文献资料为本研究奠定了良好的理论和实践研究基础，但同时也发现，上述研究主要是关于科技人力资源管理和企业人力资源管理伦理方面的研究，而关于企业科技人力资源管理伦理问题的理论或实践研究极少，甚至没有。这为本研究留下了一个探索的空间，也显示出进行该研究的必要性和重要性，从而使研究具有一定的理论价值和实践意义。

第三节　研究思路与研究方法

在研究思路方面，本研究在文献检索和资料调查的基础上采用定性与定量相结合、理论联系实际的研究方法。第一阶段，确证研究意义和基础理论与方法。通过对文献资料的详细调查，分析了国内外关于科技人力资源管理和企业人力资源管理伦理的研究现状，明确了加强企业科技人力资源管理伦理建设的理论意义和现实意义，并确立了解决企业科技人力资源管理伦理问题的现有基础理论与方法。第二阶段，明确问题及其对企业绩效的影响。通过文献资料将企业科技人力资源管理伦理问题进行汇总及定性分析，同时对问题开展伦理指标问卷测量和访谈调查以进行检验，并对问题与企业绩效的关系进行分析。第三阶段，本研究构建了企业科技人力资源管理伦理框架和调控模型。本研究构建了企业科技人力资源管理伦理框架，包括理念框架、规范框架和评价框架等；建立了解决管理伦理问题的内外调控模型。第四阶段，结合实证分析结果，提出有效建议对策。根据企业科技人力资源管理伦理问题的调研情况，结合企业科技人力资源管理伦理框架，有针对性地提出解决企业科技人力资源管理伦理问题的有效途径和策略。

本研究技术路线图如图 1—5 所示。

本研究采用的研究方法如下：首先，采用定性分析与定量分析相结合的方法。定性研究主要通过资料收集和调查研究，从科技人力资源管理的政策、制度和相关经验研究来描述和验证当前科技人力资源管理的伦理问题现状及其产生原因；定量研究主要体现在对国外科技人力资源研究情况进行了知识图谱的量化分析，对一些权威的官方统

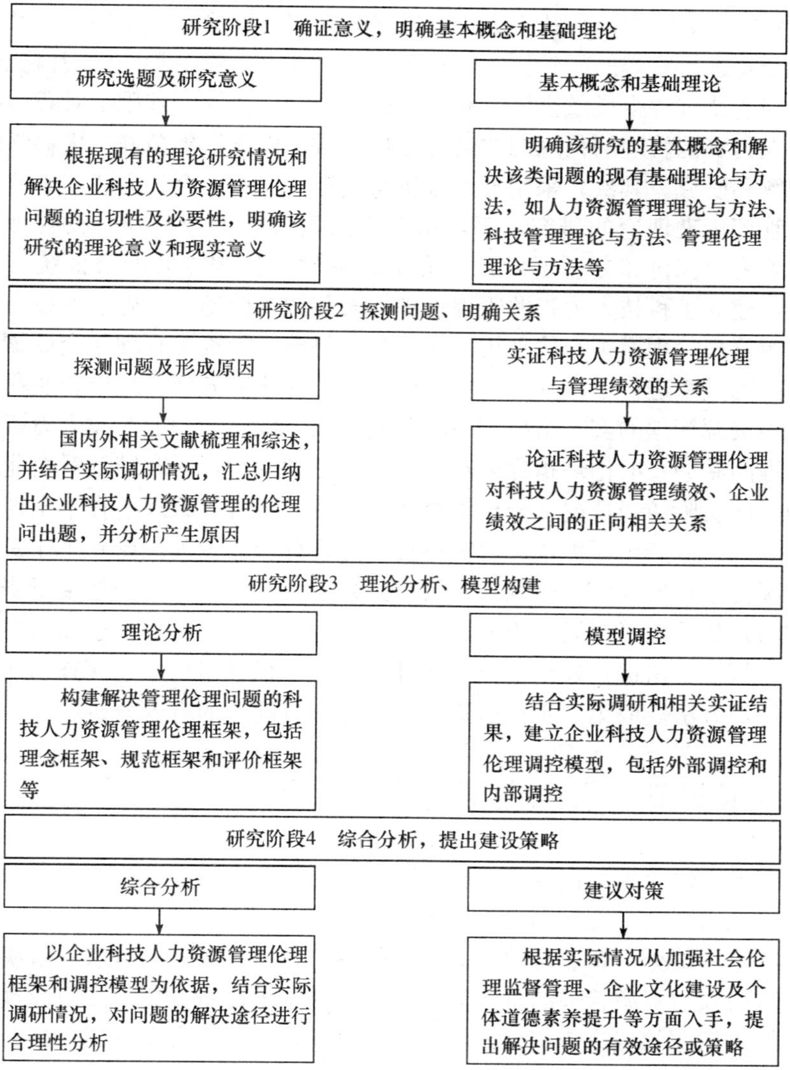

图1—5 本研究技术路线

Fig. 1. 5Technology roadmap of this study

计数据（如《中国科技人力资源发展研究报告》等）的使用，以及在对企业进行客观的问卷调查（对企业的科技人力资源管理伦理情况开展问卷调查并生成量表等）和实际访谈的统计数据的基础上对我国科技人力资源管理的伦理问题进行分析探讨，以求得更精确、更科学的理解和研究。其次，采用理论分析与实证研究相结合的方法。本研究从管理伦理理论的研究入手，结合人力资源管理理论和科技管理理论，充分探讨和分析了科技人力资源管理与伦理之间的辩证统一关系，建立了科技人力资源管理伦理框架和调控模型，明确了科技人力资源管理伦理原则与伦理规范，对企业科技人力资源管理与企业绩效之间的关系进行了深入分析；另外，在实证研究方面，结合企业科技人力资源管理的实际情况和不同职能阶段，确定了企业科技人力资源管理问卷调查的伦理指标以对企业进行伦理调查，同时结合对企业管理者的实际访谈情况，分析了企业在科技人力资源管理过程中出现的伦理问题及产生原因，并根据科技人力资源管理伦理理论和企业实际情况提出相应的解决建议和对策。此外，本研究采用了其他主要研究方法，如采用了逻辑分析方法、系统分析方法、案例分析法和资料统计分析等方法进行理论研究和实证分析，并积极运用问卷调查和深入访谈等方法获取第一手原始资料，以保证对问题的有效分析。

第四节 研究主要内容与创新点

一、研究主要内容与结构

该研究的主要内容分为四个部分，具体如下：

第一部分：企业科技人力资源管理伦理基础理论与方法。解决企业科技人力资源管理的伦理问题需要从理论上进行分析，即目前现有的解决问题的理论依据。该部分分析了现有的人力资源管理理论、科技管理理论和管理伦理理论等基础理论与方法，具体包括人本管理理论、公平理论、企业文化建设理论、科技工作者责任研究、科技管理伦理理论研究等。

第二部分：企业科技人力资源管理伦理存在的问题及其对绩效的影响。通过对文献资料的分析研究，发现企业科技人力资源管理在战略规划、工作分析、招聘、培训、绩效考核、薪酬福利等管理过程中存在大量伦理问题，本部分还对企业科技人力资源管理伦理问题与企业绩效的关系进行了必要的探讨。首先，结合国内外的相关研究，从理论上分析了企业科技人力资源管理伦理建设对科技人力资源管理绩效的影响，科技人力资源管理绩效对企业绩效的影响，进而探讨科技人力资源管理伦理建设对企业绩效的重要影响；其次，通过对国内部分企业科技人力资源管理伦理建设情况的实践调查，将不同的科技人力资源管理伦理建设程度与其对企业绩效的影响情况进行了数据的统计分析，探讨了实践中企业科技人力资源管理伦理建设对企业绩效的正向影响。

第三部分：构建科技人力资源管理伦理理论框架与调控模型。首先明确解决实际问题的理论依据，根据该伦理框架提出了科技人力资源管理的伦理原则，如树立以义导利、义利统一、以人为本、全面发展、公平与效率相结合的管理伦理原则；同时确立了其管理行为的伦理规范，如坚持和谐管理、民主管理、责任管理、人本管理、公正管理及创新管理等，这样可使理论具体化，具有现实性和可操作性。其次，本研究构建了企业科技人力资源管理伦理调控模型，从外部调控和内部调控等角度来研究和探讨解决伦理问题的可行性和有效性。

第四部分：企业科技人力资源管理的伦理建设途径及策略。通过问卷测量和访谈调查的实证分析，以科技人力资源管理伦理理论和调控模型为依据，并结合我国企业科技人力资源管理的实际情况和问题产生的原因，有针对性地提出企业科技人力资源管理的伦理建设途径。如加强以企业履行社会责任为主导的伦理监督管理，开展以伦理价值为核心的企业文化建设，进行以提高个体道德素质为根本取向的教育与培训，开展以兼顾效率与公平为理念的绩效和薪酬管理以及实现以个体全面发展为目的的员工职业生涯管理等。

本研究基本结构安排具体如下：

第一章　绪论
第二章　企业科技人力资源管理伦理基本概念与理论研究
第三章　企业科技人力资源管理伦理测量量表开发
第四章　企业科技人力资源管理伦理对绩效影响的理论分析和实证研究
第五章　企业科技人力资源管理伦理框架与调控模型
第六章　企业科技人力资源管理伦理建设总体策略
第七章　研究结论与未来展望

二、研究主要创新点

第一，从伦理的视角考察了企业科技人力资源管理状况，提出识别和判断企业科技人力资源管理伦理问题的基本原则和规范，构建了科技人力资源管理伦理框架。本研究首先确立了企业科技人力资源管理伦理原则和规范，明确了科技人力资源管理伦理评价依据，也就是说从管理伦理的角度对科技企业人力资源管理现状进行了考察和分析。结合伦理管理的原则、规范和标准，通过对企业人力资源管理者和科技员工大量走访及开展问卷调查等，分析评价当前企业科技人力资源管理存在的困境及难题；同时采用了定性分析与定量分析相结合的方式进行文献分析，在对国外科技人力资源管理进行文献资料研究方面，运用美国德雷克塞大学陈超美教授开发的 Citespace 信息可视化分析软件进行了分析研究，为论文的进一步研究打下了良好的基础。通过该类科学有效的定量定性研究方法，总结出了国内外科技人力资源管理和企业人力资源管理伦理的研究现状，并结合人力资源管理理论、科技管理理论和管理伦理理论，构建了科技人力资源管理伦理研究的理论框架和调控模型，为企业科技人力资源管理伦理问题的解决和相关理论的进一步研究奠定了良好的基础。

第二，开发了考察企业科技人力资源管理伦理建设情况的测量量表，并对其信度和效度进行了相应的检验。本研究通过对企业采取伦理指标量表测量、实地访谈等研究方式进行，明确了企业科技人力资源管理存在的伦理问题，其中最突出的问题主要有科技人力资源招聘歧视问题、绩效考核不公平问题、薪酬福利不公正问题以及科技人力资源个体职业生涯设计不合理问题等，这些问题严重影响了企业科技人力资源管理的水平，限制了科技人力资源潜能的发挥，甚至阻碍了企业目标的实现。本研究参考和借鉴了美国著名人力资源管理专家舒斯特教授开发的人力资源指数测量方法，以及我国南京大学商学院赵曙明教授开发的且在国内大规模应用的人力资源指数测量方法，结合企业科技人力资源管理的实践情况，开发出科技人力资源管理伦理问卷调查量表，建立了企业科技人力资源管理伦理检测方法。在量表的信度和效度检验方面，将实际访谈结果与 SPSS 软件的因子分析等结合起来进行验证。该类人力资源管理调查方法在 IBM、施乐等许多企业都得到了应用和证明，各种规范标准被建立起来，减少了评估中的主观性，为企业科技人力资源管理伦理建设决策提供了条件，可以据此弄清形成问题的主次关系，从而易于找到客观、准确的决策依据，再次探讨了企业科技人力资源管理伦理与企业绩效之间的相互作用关系。

第三，采取了理论分析和实践调查相结合的研究方法，深入探讨了科技人力资源管理伦理对企业绩效的影响，构建了描述企业科技人力资源管理伦理与企业绩效关系的模型。首先，从理论上分析了管理伦理建设对科技人力资源管理绩效的影响以及科技人力资源管理绩效对企业绩效的影响，进而探讨科技人力资源管理伦理建设对企业绩效的重要影响；其次，对一些企业科技人力资源管理伦理建设情况进行了实践调查，将不同的科技人力资源管理伦理建设程度与其对企业绩效的影响情况进行了数据统计和对比分析，探讨实践中企业科技人力资源管理伦理建设与企业绩效之间的关系；最后，将理论分析与实践调查相结合，辩证分析企业科技人力资源管理伦理和企业绩效之间的正向关系。该研究结果弥补了企业科技人力资源管理伦理建设与企业绩效之间关系的研究缺失和不足，为今后该领域理论研究奠定了较好的基础，具有参考和借鉴意义，并为企业科技人力资源管理伦理建设提供了良好的决策依据。

第二章

企业科技人力资源管理伦理基本概念与理论研究

第一节 企业科技人力资源管理伦理基本概念

企业科技人力资源管理伦理是伦理学与管理学交叉研究的一个重要内容，具体而言，是规范伦理学中尤其是应用伦理学与人力资源管理学交叉研究的一个重要领域，是探讨什么是企业科技人力资源管理中的善以及如何达到善的一门学问。该研究涉及伦理、正义、管理伦理、企业科技人力资源管理和企业科技人力资源管理伦理等重要的基本概念，这些基本概念的界定及辨析对该领域的研究十分重要。

一、伦理

“伦理”的英文一词“ethics”源自于希腊文的“ethos”，表示一群人共居的驻地、驻所，后来用来表达人们共居之所内包括生活风俗、惯例、礼仪、规则在内的生活模式，西方伦理学之父亚里士多德用“ethike”一词来表示关于“ethos”的学问。在西方的文化历史发展过程中，伦理与道理意思基本相同，伦理思想家也常常把伦理学称为“道德哲学”或“人生哲学”。“伦理”的中文一词最早渊源于我国秦汉时期的《乐记》，其中提出“凡音者，生于人心者也；乐者，通伦理者也”，表明音乐同伦理是相通的，该“伦理”已含有人与人之间关系的基本内涵；东汉许慎在《说文解字》中将“伦”解释为“从人从仑”，其中“仑”字为有“条理”“思虑”等意，加上人旁作偏旁，便含有人与人之间应有之理的意思，因此提到“伦，辈也”；“理”在《说文解字》中解释为“理，治玉也”，即顺文理而剖玉，意指事物本身内在的条理和道理。因此，在早期汉语中“伦”指人际关系中的秩序、长幼、尊卑、高低等，故有“人伦”一说；“理”则指道理、规律和原则；“伦理”合称则指人与人相处应当遵守的道理，或者说处理人与人之间相互关系的道理。汉初之后，伦理一词开始广泛使用，用来指人际的关系及其规范，伦理亦即人际关系的条理。

罗国杰指出：“在汉语中，‘伦理’与英语中的 Ethics 词源含义暗合，指的是社会道德现象。”魏英敏认为，“无论在中国，还是在西方，‘道德’与‘伦理’都是一个意思；因此道德现象又可叫做伦理现象，道德行为又可称为伦理行为，道德判断又可以叫做伦理判断，道德学又可称为伦理学。”黑格尔认为，伦理本质上是一种普遍的东西，即人的公共本质，是共体或普遍物，伦理主要指个体和共体利益关系的认识及其道理，更多涉及的是共性和理性，主要指的是社会道德关系。

上述对“伦理”的不同定义都有其各自合理之处，有助于人们加深对“伦理”概念和内涵的认识和理解。从辩证唯物主义的角度出发，“伦理”的概念和内涵也是随着时代和环境的变化而不断丰富和扩展的，综合国内外有关“伦理”界定的不同观点和研究范畴，结合该概念的历史发展过程，本研究认为，“伦理”主要是指一定的社会时期内人们处理人与人、人与社会、人与自然相互关系时在观念和行为上所应遵循的道德规范和道德准则，具有一定的社会性和客观性。

二、正义

管理伦理是各种社会制度在管理过程中的价值体现，管理涉及效率及利益，价值涉及公平和正义。企业人力资源管理制度在注重效率的前提下务必关注其正义价值的体现。因此，正义是企业科技人力资源管理伦理研究的一个重要内容，其概念及内涵的界定非常重要。正义（justice）来源及使用已久，是伦理学、政治学、经济学以及法学最常讨论的问题之一，主要指公正、正当的道理。柏拉图认为，“各尽其职就是正义”；亚里士多德曾用它来分析人们的行为，把正义视为最基本的道德原则，认为正义之于个人是一种德态，即“全德”，正义之于城邦就是社会原则，“以公共利益为依归”，关系到人际交往关系与财产分配，是“建立社会秩序的基础”；乌尔比安指出，“正义就是给每个人以应有权利的稳定的永恒的意义”；凯尔森认为，“正义是一种主观的价值判断”。近代西方思想家将其用做评价社会制度的一种道德价值标准，其中最著名、最有影响的就是罗尔斯在《正义论》中有关正义概念及其构成的精辟论述。罗尔斯在《正义论》一书中首先强调，“作为公平的正义”是“社会制度的首要价值，正像真理思想是思想体系的首要价值一样”。他指出，正义意味着平等，平等包括政治层面平等的自由权利、民主权利及经济层面的分配的平等，他认为政治层面的平等容易实现，而经济领域中的分配平等问题才是正义的核心；他同时强调“某些法律和制度，不管它们如何有效率和有条理，只要它们不正义，就必须加以改造或废除”。罗尔斯探讨了作为构成正义的平等自由、公正机会、分配名额、差别原则等重要问题，并提出平等自由原则、机会公正平等原则和差别原则，强调平等自由原则优先于机会公正平等原则和差别原则，机会公平原则优于差别原则，希望依此来探寻解决不正义问题的建议和路径；罗尔斯还分析了不平等产生的社会文化原因和自然原因，强调这种不平等就是正义原则最初的应用对象，要通过社会制度从全社会角度来调节和处理这种不平等，以排除社会文化和自然方面的因素给人们造成的生活和经济方面的不良影响。

总的来说，正义是一个相对的、历史性的概念，不同的时代、不同的阶级会产生不同的正义观。本研究认为，正义主要是指公正、平等、合理的道德观念，是人类社会普遍认可的崇高价值，是对社会中的政治、经济、法律等各项管理制度中的是与非、善与恶作出的价值上的判断，以探讨各项管理制度是否符合一定的社会道德规范，是否符合社会历史发展规律，是否体现和满足绝大多数人的根本利益及需求。从正义的表现形式来看，可以分为实质正义和形式正义。实质正义是指正义的人们所追求的内在的、合理的价值目标，是符合社会发展的、符合绝大多数人利益的合理的社会关系和行为方式；形式正义则是实质正义的外部体现，是实质正义以制度、规范、法律等方式体现出来的一种状态。实质正义是形式正义的前提和基础，形式正义是实质正义的体现和展示。此外，根据正义涉及不同领域的标准，可以把正义分为制度正义和程序正义。制度正义指各项社会制度本身体现的正义，包括社会资源、机会、责任和义务分配是否公平和合理等；程序正义是如何实现制度正义的规划和方案，即如何执行和实现社会制度的公正，而不管社会制度本身是否符合正义标准和要求。制度正义是程序正义的根本和前提，程序正义是制度正义的保障和实现。

三、管理伦理

管理伦理由管理和伦理交叉构成，管理伦理是近年来管理学及伦理学领域研究的一个热点问题。伦理的概念和内涵在前文已经阐述过，这里需要对管理的概念及内涵给予科学界定。管理学家亨利·法约尔指出，管理是所有的人类组织都有的一种活动，这项活动由计划、组织、指挥、协调和控制五项要素构成。可以说，管理是通过这五项主要职能对组织人力、物力、技术和信息等资源进行有效整合，以达到实现个人、组织目标和社会责任的动态过程；而伦理是指人们处理人与人、人与社会、人与自然相互关系时在观念和行为上所应遵循的道德准则和道德规范，其本质是用一定的道德理念和规范来协调人与人之间的相互关系。管理伦理研究的兴起始于 20 世纪 60 年代初，当时欧美各国经济迅速发展的同时也带来了诸多的社会伦理问题，如财务受贿、价格垄断、欺诈交易、环境污染等，企业单纯追求经济效益的行为损害了社会利益，引起了公众的强烈不满，这些严重的社会问题的出现使得各国研究人员开始关注企业的社会责任管理问题，使得管理伦理成为近些年来管理学和伦理学交叉研究的一个崭新的课题。经过多年的研究，现代管理科学中确立的“以人为本”“平等公正”“效率与公平相结合”“社会责任”等伦理原则对管理活动开展起到了重要的指引作用。可以说，管理和伦理结合在一起是二者内在统一的必然要求。任何人类活动都具有一定的内部价值追求和外部行为体现，管理主体从事的管理活动必然蕴涵一定的道德观念和道德标准，使管理活动不仅仅追求经济效益，更具有一定的价值追求，使管理中的计划、组织、指挥、协调和控制体现出一定的道德认识、道德情感和道德行为；同样，伦理本身就是指引人们去协调和维护社会关系的一种价值理念和准则，具有较强的价值引导和规范管理功能。龚天平认为，管理是外在的伦理，伦理是内在的管理；伦理具有特殊的管理功能和重要的管理价值，管理伦理是有机的统一；戴木才指出，管理的道德性表现为管理的内在道德和外在道德，管理伦理是这两个方面双向互动的有机统一。本研究认为，管理伦理是指企业在进行日常管理过程中对人、物、技术及信息等资源进行计划、组织、指挥、协调和控制过程中所遵循的伦理原则和道德规范。企业通过伦理化管理，可以提高企业的管理效益，实现管理的道德价值，达到二者的辩证统一。管理与伦理相互贯通，密切联系，互不可分。

四、企业科技人力资源管理

企业中的资源管理包括对人力资源、物力资源、技术资源和信息资源等的计划、组织、协调与控制等过程。如前所述，本研究中的企业科技人力资源是指在企业经济活动中，能够为企业带来经济效益和社会效益的实际从事或有潜力从事研究与发展、科技成果转化与应用及其他科技服务活动的人力资源。该定义能够反映企业科技人力资源的基本特征、功能目的及构成类别等，也体现了科技人力资源的内涵和外延，包括研发人员、科技成果转化与应用人员以及科技服务人员在内，但主要是指研发与技术应用人员。对企业科技人力资源的管理应注意该类人力资源群体的特点，如其受教育程度高、专业知识丰富、自主独立性强、不愿意受过多的管理与控制、工作岗位流动性大、注重自我价值实现等。可以说，企业科技人力资源管理属于微观层面的人力资源管理，是在充分考虑该类群体特殊情况的前提下，结合企业特点，通过人力资源规划、岗位分析、外部及内部招聘、上岗培训、绩效和薪酬管理等环节对其内部的科技人力资源进行最充分、最有效的开发和利用，以实现组织和个人的目标。企业科技人力资源管理更多的是从经济学中投入与产出的角度出发而进行的效率管理。因此，在追求企业经济目标实现的过程中，要加强价值的引导，突出企业科技人力资源管理的伦理建设，实现追求效率与注重公平的有机统一，达到物质文明和精神文明建设双赢的目的。

五、企业科技人力资源管理伦理

人类社会中各类群体及个体的任何行为都受到一定价值观念的引导和约束，否则就会偏离正确的方向，成为脱离缰绳的野马。企业科技人力资源管理也不例外，需要正确的道德观念和准则进行引导，而不能成为缺乏人文关怀的纯经济利益的谋取过程。企业科技人力资源管理伦理就是在企业进行科技人力资源开发和利用过程中应该遵循的道德原则和道德规范，是一般的社会伦理道德在企业科技人力资源管理活动中的特殊反映和体现，是在以人为本的前提下进行的企业文化、管理理念、组织目标、创新制度等方面在科技人力资源管理中的道德实践。如前所述，企业科技人力资源管理伦理由企业科技人力资源管理伦理意识、管理伦理关系和管理伦理活动构成。企业科技人力资源管理伦理意识，体现人力资源管理活动中善恶价值取向的内在心理过程；企业科技人力资源管理伦理关系，主要指企业科技人力资源管理活动中管理者与被管理者之间的道德关系；企业科技人力资源管理伦理活动，是指在企业科技人力资源管理伦理意识引导下的企业科技人力资源管理各环节的外在行为表现，这些构成部分关系密切，相互影响与制约，共同构成科技人力资源管理伦理的渊源和内涵。

六、相关基本概念辨析

通过对上述概念及其内涵的分析，发现这些重要概念之间既有密切的联系，互不可分，同时又不尽相同，各有内涵。“伦理”主要强调的是人们处理人与人、人与社会相互关系时所应遵循的道德规范和道德准则，体现了一定的社会性和客观性。伦理现象又可称为道德现象，伦理行为又可称为道德行为，伦理的内涵包括平等、公正、公平、正义、关心人和社会、尊重等道德精神。开展伦理研究是进行管理伦理以及企业科技人力资源管理伦理研究的基本前提和依据。

正义是伦理道德所涉及的主要内容，主要强调处理人与人、人与社会关系时所体现的公正、平等、合理、责任等的价值判断，更多的是将其用做评价社会各项管理制度（政治、经济、法律等）的一种价值判断标准，是“社会制度的首要价值”，是人类社会普遍认可的伦理道德中的崇高价值。正义是伦理内涵的一个重要组成部分，尤其是对社会制度进行伦理道德评价时，应更多从正义的角度出发，考虑其是否体现了公正、平等、合理等道德精神。正义为管理伦理及企业科技人力资源管理制度的价值判断提供了一定程度上的合理依据，也成为管理伦理的重要研究内容。

管理伦理是伦理精神在管理过程中的价值实践，是公平、正义、平等、责任价值精神等在管理过程中的充分体现。如前所述，管理伦理是指企业在进行日常管理过程中，对人、物、技术及信息等资源进行计划、组织、指挥、协调和控制过程中所遵循的道德原则和道德规范。管理伦理是管理的不同环节（如计划、组织、控制、协调等）、不同对象（如人、财、物、技术和信息等）、不同阶段（如创立、成长、成熟及衰落等）过程的价值体现。伦理化的管理，或者说具有人文精神的、体现道德意识的企业管理可以提高管理的经济效益，展示管理内在的道德价值，体现二者的辩证统一。管理伦理是管理与伦理的内在有机结合，相互作用，互不可分。

企业科技人力资源管理是企业对科技人力资源进行开发和利用的过程，包括人力资源规划、岗位分析、招聘、培训、绩效考核和薪酬管理等环节，属于微观层面的科技人力资源管理。企业科技人力资源管理更多的是从经济成本的角度即投入和产出的维度出发进行管理，追求效率是其企业的主要目标。当今时代科学技术的日新月异及其重大影响，也要求企业在追求经济效益和技术创新的时候，不能忽视企业科技人力资源管理的伦理建设，要实现科技人力资源管理的价值追求。

企业科技人力资源管理伦理是上述基本概念及其内涵的有机结合，是伦理道德中的公平、正义、平等、责任、发展等价值观念在企业科技人力资源管理过程中的具体体现，它要求企业在科技人力资源开发和利用过程中遵循一定的伦理原则和道德规范，注重效率与公平的有机统一。企业科技人力资源管理伦理为企业科技人力资源管理活动提供了价值引导，是伦理精神在企业科技人力资源管理过程中的实践和展示，对企业科技人力资源管理影响重大，有利于实现科技人员和企业的目标，维护两者的利益，促进社会物质文明和精神文明建设。

第二节　相关理论研究

对企业科技人力资源管理伦理的研究除了明确上述重要的基本概念和内涵外，还需要对现有的重要相关理论进行梳理和提炼，为下一步研究打下坚固的理论基础。目前该领域中相关的重要理论包括人本管理理论、公平理论、企业文化建设理论、科技工作者责任理论和科技体制伦理理论等。

一、人本管理理论

在中国古代，“以人为本”的理论基础来自儒家代表孔子的“仁”学思想，孟子提出：“人皆有不忍人之心，先王有不忍人之心，斯有不忍人之政矣。以不忍人之心，行不忍人之政，治天下可运之掌上。”可以说，孔子的“仁者爱人”思想就体现了早期“以人为本”的管理思想；孟子“民为贵，社稷次之，君为轻”的观点体现了“以人为贵”的人本管理思想；管子主张“心的管理”思想，也进一步发展了以人为本的人本管理思想。中国古代的人本管理思想体现了为维护封建社会国家利益的人本管理伦理思想，与近代西方社会强调个体的“以人为本”的管理思想存在明显的不同。20 世纪初，“科学管理之父”泰罗的科学管理思想受到了人们的广泛重视，他将科学管理思想应用于实际，既提高了企业的生产效率，也在一定程度上体现了以人本主义为基础的人性管理或文化管理模式，如泰罗认为科学管理是一种关于管理阶层对同行、对员工的责任的“完全的心理革命”，强调管理者与被管理者之间的协作，强调要关心工人；“管理理论之父”亨利·法约尔提出了十四项管理法则，尤其强调“鼓励首创精神和责任感，对所做工作给予公平而适当的报酬，对过失和错误实行惩罚，使大家遵守纪律，使个人利益服从企业利益”，进一步体现了人本主义精神；管理学鼻祖巴纳德在《管理和工人》一书中第一次把以人为本的思想纳入了管理学的框架当中，揭示了人在管理中不可替代的主体作用；哈佛大学的行为科学学派代表梅奥教授通过霍桑试验发现了人的社会性需要，以及组织中非正式群体的存在及其重要作用，进一步强调人性在管理中的作用；加里·德斯勒在《人力资源管理》一书中也体现了“以人为本”的管理思想内容，他强调人力资源管理非常重视工作生活环境，即不仅要利用人来创造最高的工作绩效，实现最大的生产价值，也要为员工创造一个良好的工作环境，他的这一人本主义的管理思想已经深入中国的管理学家心中，在很多文献中都提到了“以人为本”的管理哲学。

可以说，人本管理理论主要强调以人为中心，突出人的主要地位和目的，要充分尊重人、关心人，时刻以人的需求和目的为出发点，进行和谐管理。现代管理科学的“以人为本”管理思想主要包含以下内涵：一是确立以人为管理的核心和归宿，应该尊重人、关心人，人不仅仅是管理过程中的手段，更是管理的目的；二是强调人在组织中的中心地位，强调组织的目的是发挥和挖掘人的潜力和长处，管理者的任务除了为人设定既高又有可能实现的所谓“有挑战性的目标”外，还包括如何有效地激励人去实现目标和任务；三是积极关注人的成长和个人目标的实现，负有协助关心的责任，如有关学者所强调的一样，这种责任对内可以促进个人潜力和人格的发展，对外在于承担社会责任。坚持以人为本的管理理念，是确保顺利开展科技人力资源管理工作的重要前提和基础。

二、公平理论

美国心理学家斯太西·亚当斯（J Stacey Adams）于20世纪60年代提出了著名的公平理论，该理论侧重研究工资报酬分配的公平性、合理性对员工工作积极性的影响。他指出，一个员工为组织作出贡献后，他不仅关心自己取得的报酬的绝对值（自己实际收入），而且关心自己报酬的相对值（自己收入与他人收入的比例）。通过自己投入与产出的绝对对比与相对对比，如果发现自己的现在收支比例与过去收支比例相等，或者自己的收支比例与他人的收支比例相等时，员工便会心情舒畅，工作努力；如果发现不相等，尤其是低于过去比例或低于他人比例时，便会产生怨气，出现不满意心理，感觉不公平，就有可能改变自己的投入或自己的产出，从而能降低工作效率，也可能改变自己的观念等，其对比结果的公平性将直接影响其今后工作的积极性和工作效率。该理论一方面告诉我们在进行科技人力资源绩效考核和薪酬管理过程中，针对科技人员的特点，如独立意识较强、研发价值不容易确定、比较注重分配公平和合理报酬等，要尽量制定科学、客观的绩效考核标准，公平公正的薪酬分配制度，注意员工所得报酬的绝对值和相对值，对员工激励时应该坚持公平公正的原则，使员工在进行对比时感觉到公平合理，引导员工树立科学的薪酬观念，避免给员工造成不公平的心理倾向；同时在激励过程中应注意对员工公平心理的疏通和正确引导，帮助其树立正确的公平观念和评价观念；该理论提醒人力资源管理者要正确树立公平公正的管理理念。

三、企业文化建设理论

企业文化是美国学者在研究第二次世界大战后日本经济迅速崛起之原因过程中被发现和不断丰富完善的，是日本企业一直致力于建设的重要文化观念。企业文化是组织成员在价值观上的共识和行为习惯上的一致，是组织在长期的生存和发展过程中所形成的，为多数组织成员所共同遵循的最高目标、基本信念、价值标准和行为规范，它决定了组织成员的精神面貌以及整个组织的素质、行为和竞争能力。经过各国多年的研究和实践，发现企业文化确实促进了企业的发展和进步，并能够给员工和社会以充分的关怀和贡献。目前，企业文化研究已经形成一个丰富的理论体系。企业文化包括物质层、制度层和精神层三个层次。其中精神层是其核心层，是企业文化的灵魂和核心，在一定程度上体现了组织的伦理道德建设水平，对组织绩效的实现有着重要影响。正如泰伦斯·狄尔和爱伦·肯尼迪在《企业文化》一书中所说的，价值观“是企业文化的基石，公司哲学的本质就是追求成功，而价值观提供员工一致的方向及日常行为的方针”。国内学者龚天平也指出，在组织价值观中，组织伦理观是其核心内涵，企业文化建设所倡导的合理价值观，在一定程度上就是倡导管理的组织伦理观。企业文化具有目标导向、规范员工价值观念和行为约束作用，能够提高员工的向心力和凝聚力，其对组织管理伦理的建设及组织绩效的提升能起到积极的促进作用。企业科技人力资源因其具有独立性、责任心强、受教育程度高、注重自我价值等特点，更需要组织建立能够体现尊重员工、关爱员工、和谐融洽、团结互助、积极向上、公平公正特征的企业文化，这将有利于科技人力资源的健康成长，有利于员工和企业目标的顺利实现。

四、科技管理伦理理论

科技管理伦理主要涉及科学技术及与其相关的管理伦理，如对科学技术管理、科技人员管理、科技组织管理等的道德调节与控制，该领域的研究主要是从科技管理伦理问题表现、科技管理伦理的历史演变、科技管理伦理理论构建、科技管理伦理调节机制及科技管理伦理实现途径等角度进行了系统研究。在科技管理伦理问题研究方面，学者们对目前当代社会高科技研发、应用等管理方面出现的一些道德问题进行了大量的深入研究，探讨的科技伦理问题包括网络管理伦理、生化技术管理伦理、纳米技术管理伦理、信息技术管理伦理等内容，并提出了一些有建设性意义的建议和对策；在科技管理伦理理论构建方面，国内学者戴艳军对科技管理伦理的调节对象与内容体系、内容结构与层次、价值体系与基本准则进行了系统研究，同时也从内部调控机制和外部调控机制方面对科技管理伦理调节机制进行了研究；在科技管理伦理的实现途径方面，从科技管理伦理原则与规范、加强政策伦理导向、建立科技伦理预见和评估系统、开展科技管理伦理教育等方面入手，探讨有效实现科技管理伦理的途径和方法。上述相关的系统理论研究，对于科技人力资源管理伦理理论构建以及实践管理的研究意义重大，是国内该研究领域内重要的基础研究工作，为进一步的后续研究奠定了良好的理论基础，并起到了重要的指导作用。

五、科技工作者责任相关研究

科学技术本身是一把双刃剑，在为人类带来益处的同时，也体现出了一定的弊端。因此，企业对科技人力资源除了进行相应的薪酬管理外，还应履行其本身应该承担的社会责任，加强对科技工作者的价值观教育，鼓励科技工作者开发出更多的造福于人类的科学技术，减少或降低其危害性，积极关心科学技术应用对人类的影响。目前国内外关于科技研发人员道德责任的研究比较多，研究内容涉及科技工作者的主体研究、工作内容研究、工作责任研究等领域。在科技工作者责任研究方面，归纳起来主要有以下三个观点：（1）承认科技人员（包括科学家在内）认识到自己的道德责任，但对科学技术给人类社会生活带来的负面影响感到无可奈何；（2）不承认科技人员有道德义务和道德责任，科学技术被用于何种用途与科学人员无关；（3）认为科技人员不仅在科学研究中负有道德责任，而且还有义务使科学造福于人类社会。总体来看，西方古代、近代与现代都强调科技人员应承担社会责任，因此，第三种观点目前已被大多数研究人员所认可。近代的爱因斯坦指出："关心人本身即人的命运，应当始终成为一切技术上奋斗的主要目标，关心怎样组织人的劳动和商品分配这样一些尚未解决的重大问题，用以保证我们科学思想成果会造福于人类，而不至于成为祸害。在你们埋头于图表和方程式时，千万不要忘记这一点!"爱因斯坦强调，"在我们这个时代，科学家和工程师担负着特别沉重的道义责任"；谢苗诺夫也告诫科学家："一个科学家不能是一个'纯粹的'数学家、'纯粹的'生物物理学家或'纯粹的'社会学家，因为他不能对他工作的成果究竟是对人类有用，还是有害漠不关心，也不能对科学应用的后果究竟使人民境况变好还是变坏采取漠不关心的态度。不然，他不是在犯罪，就是一种玩世不恭。”此外，国际组织也积极强调科技人员的社会道德责任，如世界科学工作者联合会、国际科学协会联合理事会于 1948 年、1949 年通过的《科学家宪章》，尤其强调科学家个人和科学团体对于科学、社会和世界应尽的责任，提出科学家要保持诚实、高尚及合作的精神，要防止出现对科学技术的错误利用，要充分重视与发展科学技术所具有的人性伦理价值等。科技工作者责任理论的研究有助于企业更好地开展对科技人力资源的技术及价值观念培育，也有利于科技工作者的健康成长。

上述重要的基本理论及相关研究与企业科技人力资源管理伦理研究内容密切相关，是本研究的重要理论基础和前提，为进一步深入研究提供了有益的指导和帮助，具有极其重要的指导和参考价值，为企业科技人力资源管理伦理的理论构建和模型调控等相关研究奠定了良好的基础。

第三节　企业科技人力资源管理的伦理要素及伦理关系

一、企业科技人力资源管理历史与道德

企业是社会生产最基本的经济组织形式。关于企业的起源，亚当·斯密认为分工创造的生产力使手工工场得以存在，也就是早期企业形态的出现；马克思也认为早期的手工工场是企业的最初形态，将分工与协作看做是企业的本质，进一步强调了企业的生产属性。伴随手工工场这一早期企业形态的出现，加上英国资产阶级的殖民掠夺和圈地运动造成的大批雇佣劳动力，以及工场手工业的发展积累了一定的生产技术，使人类社会在 18 世纪 60 年代经历了第一次科技革命，英国因此成为当时世界上最大的资本主义强国，之后人类社会于 19 世纪 70 年代经历了以自然科学为突破口的第二次科技革命，以及后

来的20世纪40—50年代的第三次科技革命等。虽然“科技人力资源”这一概念是在20世纪60年代开始出现的，但早期科技革命的出现及其影响使企业很早就开始认识到科技人力资源的存在及其重要意义，尤其是第三次科技革命，使科学、技术和生产之间的联系更加紧密，使人们体会到“科学技术是第一生产力”的深刻内涵。可以说，早期的企业科技人力资源在手工工场时期就已经形成并被重视，并展示了其促进企业生产、提高企业效益、推动科技创新和社会进步的巨大能量和潜力。

从企业科技人力资源管理的发展历程来看，和企业普通人力资源管理一样，在手工工场产生之后，企业科技人力资源管理也经历了人事管理阶段、人力资源管理阶段和战略人力资源管理阶段。无论是在最初的人事管理阶段，还是以德鲁克1954年明确提出的“人力资源”为开始的人力资源管理阶段，以及后来的战略人力资源管理阶段，资产阶级在榨取剩余价值、获得经济利润的同时，其企业科技人力资源管理也体现了一定的价值导向和道德观念。如在最初的人事管理阶段，18世纪末生产工厂提出了福利人事制度，20世纪初泰罗提出了科学管理中的公平原则，20世纪末期法约尔提出了14项管理原则，梅奥教授在霍桑试验中提出了关心员工社会心理建议，都体现了人事管理中应遵循的伦理原则和道德规范；在人力资源管理阶段，比较有影响的哈佛模式（Beer M，Spector B，lawrence P，QuinMills D，1984）、盖斯特模式（Guest D，1987）和斯托瑞模式（Storey J，1992），分别提出了关注员工利益与社会责任、雇员价值观念，增加雇员信任、忠诚与综合考虑员工和企业利益的伦理原则和道德规范（贺立、齐善鸿，2007）；20世纪80年代，战略人力资源管理的提出显示出人力资源管理在企业管理和发展中的重要地位，这也进一步体现出人力资源的重要性和战略性，企业更加强调关心人、尊重人、关注人的全面发展，并提出了以人为中心的人本管理理念。由此可见，有史以来的企业科技人力资源管理行为与道德引导是密不可分的。

二、企业科技人力资源管理的伦理要素

管理具有一定的伦理属性，也体现了相应的伦理要素。企业在进行科技人力资源管理过程中，同样会注意到对科技人员（结合其特点）进行管理时应遵循的伦理原则和道德规范，积极开展对这一特殊人力资源管理的价值建设。总的来说，企业在进行科技人力资源管理的各个环节过程中，皆应该体现其管理活动所蕴涵的内在人文价值和伦理精神。企业在开展科技人力资源规划、招聘、培训、绩效考核、薪酬管理、员工全面发展等管理过程中，要结合不同管理环节的特点考虑其特有的伦理要求，遵循其相应的道德规范，做到管理效率与价值公平的有机统一。

在科技人力资源规划过程中，因其涉及科技人员的晋升规划、补充规划、培训开发规划和调配规划等职能，因此，该管理环节要相应地遵循能力为本、激励员工、因事设岗、分配公平、合理调配等伦理原则和价值要求，使企业科技人力资源规划更人性化，做到以人为本，科学规划，促进科技人员的全面发展；在科技人力资源招聘过程中，企业人力资源管理部门应该杜绝各类歧视及舞弊现象，坚持公开、公平、公正的基本伦理原则，遵循平等竞争、择优录用、过程公开、程序透明、结果公正的道德规范来进行。在科技人力资源培训过程中，鉴于培训资源的重要性及其有限性、稀缺性的特点，要坚持机会平等、资源共享、创新成长、全面发展、责任意识等伦理原则和道德规范，全面提升企业科技人力资源的综合素质和专业技能，培养企业和社会所需的优秀人才。在绩效管理过程中，最重要的环节是绩效考核，因为绩效考核是对科技员工的贡献和价值的肯定和认可，并对之后的薪酬管理与晋升提拔至关重要。因此，在绩效考核过程中，要遵循指标设计科学合理（德、能、勤、绩综合考评），考核过程公开透明、客观公正，考核结果公开、公平，做到奖惩结合，及时反馈，以促进员工不断改进和成长，体现考核过程中的人文伦理价值。薪酬管理主要涉及薪酬支付、薪酬策略、薪酬水平和薪酬分配等过程，科技人力资源由于其主体的独立性、劳动的特殊性和价值的不确定性，

薪酬管理更应该坚持公平管理（包括机会公平、过程公平和分配公平）、按时支付、能力为本、业绩导向、效率原则、竞争原则、合法原则以及激励原则等重要伦理原则和价值规范。在劳动关系管理过程中，应充分重视科技人员的主体地位，树立以人为本、尊重员工、关爱员工、民主管理、和谐管理的伦理理念，遵守劳动法律法规，建立良好的劳动关系等。总之，企业科技人力资源管理的各个环节都应该体现相应的道德关怀和伦理要求，实现管理与伦理的有机统一。

三、企业科技人力资源管理的伦理属性及伦理关系

作为社会活动中的重要主体，人们开展的任何活动过程都体现了一定的是非善恶价值观念。同样，管理活动除了其本身应遵循一定的科学规律和技术原则外，也是在伦理原则和道德规范的影响下开展计划、组织、领导及控制、协调、决策等活动。企业科技人力资源管理是人类组织管理活动中的一个构成部分，是将科技人员这一重要战略资源作为管理对象而开展的人员规划、招聘、培训、绩效考核和薪酬管理等管理行为。正如唐凯麟所强调的那样，“管理是外在的伦理，伦理是内在的管理”，因此，企业科技人力资源管理的各个环节和行为（外表与现象）都体现了一定的道德价值观念选择（内在与本质），展示了企业科技人力资源管理遵循的伦理理念和道德规范，其本质则是特殊情况下人与人之间的相互关系，即在管理背景影响下的人与人之间也应该体现公平、公正、自由、平等、发展的人性特征，这就是企业科技人力资源管理的伦理属性。

管理的人性是管理的伦理属性，而伦理关系则是这些伦理属性的具体体现。伦理关系是社会中人与人之间的一种相互关系，其形成和发展是以一定社会时期生产方式和经济发展水平为基础的。在市场经济条件下，企业科技人力资源管理因其管理的特殊性而蕴涵众多的伦理关系，这些伦理关系是在企业科技人力资源管理过程中，根据一定的伦理原则和道德规范，在企业科技人力资源管理活动中所结成的主体间的各种道德关系。由于企业科技人力资源管理涉及主体的广泛性，使企业科技人力资源管理过程中的伦理关系也非常广泛，它包括科技人力资源管理者与科技人力资源的关系、科技人力资源与科技人力资源之间的关系、科技人力资源与普通人力资源之间的关系、科技人力资源与外界客户之间的关系等。由此可见，企业科技人力资源管理伦理关系是一般伦理关系在科技人力资源管理过程中的特殊体现，是特殊的人与人之间的伦理关系，它不仅是一种主观上的、特殊的思想关系，也是客观存在的、具有实际内容的社会关系。

企业科技人力资源管理的伦理关系是企业科技管理伦理理念的附着物，其主体则是企业科技人力资源管理道德规范的践行者。诸多伦理关系既遵守共同的、基本的伦理原则、伦理理念和道德规范，也要恪守其本身所特有的伦理要求、伦理理念和道德约束。如科技人力资源之间、科技人力资源与普通人力资源之间要彼此尊重、互相帮助、平等共处、团结一致；科技人力资源管理者与科技人力资源之间要遵循人本管理、民主管理、互相关爱、平等沟通、公开公平、和谐民主的伦理原则和理念；科技人力资源与外界客户之间要遵循诚实信任、互利双赢、勇担责任以及和谐共处等道德要求。

第三章

企业科技人力资源管理伦理测量量表开发

第一节　企业科技人力资源管理的伦理要求

一、企业科技人力资源管理的一般伦理要求

任何企业在进行科技人力资源的过程中，都会注意到伦理管理的重要性，或者说在不同程度上开展着伦理化管理的价值建设；企业在进行科技人力资源管理的各个环节过程中，在追求投入与产出的管理效率过程中，皆应该体现其活动所蕴涵的内在人文价值——伦理关怀，也就是说，企业在开展科技人力资源规划、员工招聘、培训、绩效考核、薪酬管理、员工职业发展等活动的过程中，要符合社会上认可并呼吁的一般的伦理要求，实现相关法律法规所规定的最底线、最基本的道德需求，如要坚持做到遵纪守法、以人为本、尊重员工、关心员工、重视人才、公平竞争、民主管理、重视参与、团结一致、诚信责任、注重创新、和谐管理、重视绩效及能力导向等，真正将管理与伦理结合起来，体现二者的辩证统一。

二、企业科技人力资源管理的重要伦理要求

企业在进行科技人力资源管理的过程中，有一些最重要的基本原则是不可缺少的，这些原则对企业能否顺利开展科技人力资源管理工作，提高企业人力资源管理绩效来说至关重要，也能够体现企业的社

会责任感，反映出科技人力资源管理的价值关怀。这些重要的伦理要求主要包括：是否进行了人本管理，管理各环节是否公正、公开、公平，能否做到兼顾效率与公平，或体现效率优先、兼顾公平（尊重个体自由参与、努力程度与分配结果等）的管理原则，管理规划及过程是否科学合理，是否做到了民主管理，内部成员平等竞争，是否做到了避免各类歧视现象出现，能否实现义利统一，是否关注员工健康及未来成长，促进企业和员工共同发展等。

三、企业科技人力资源管理伦理概况

企业在科技人力资源管理过程中能否达到伦理管理的基本要求，作为伦理管理的主体，从企业本身的主观能动角度来看，首先是企业本身能否意识到伦理管理的基本要求，之后企业本身基于各种因素是否实现、在多大程度上实现了伦理管理的基本需求，哪些是其主观愿意达到的，哪些是其被迫无奈谋取的呢。目前，国外一些知名企业已经改变了传统的利润最大化的目标方向，积极强调企业在人力资源管理过程中应该承担的社会责任和义务。如惠普公司创始人戴维·帕尔德在公司成立时就重点声明："我们公司追求的真正目标是向公众提供某种独特的、有用的东西，从而为社会作出贡献，利润只是实现这一目标的工具。"因此，惠普公司人力资源管理人员的管理价值理念就是把公平公正对待员工、关心爱护员工、确保员工健康成长、努力协助员工实现目标等当成企业义不容辞、不容推卸的伦理道德义务和责任。在国内，通过对北京、上海、郑州、大连等地区科技企业的调查发现，目前多数知名国有企业和中外合资、外商独资企业，如海尔、联想、华为、大连天途以及惠普、松下、摩托罗拉、爱立信等在进行科技人力资源管理时，能够意识到伦理管理对企业目标实现和员工健康发展的重要性，能够注意到管理过程中达到法律法规所提出的最底线的道德需求，能够在主观意识和客观环境影响下主动开展一些基本的伦理管理工作。也就是说，在一定程度上，企业能够达到一般的伦理要求，如尊重员工、注重团结、注重创新、诚信责任等。调查发现，其中部分国内优秀企业非常重视对科技人力资源的伦理管理，积极开发员工的潜力，并取得了一些较好的业绩。如海尔、爱国者、爱立信、用友软件及天途有线电视公司等，这些公司虽然数量少，在众多企业旨在以谋取经济效益为主的今天是极少数的“特例”，但是给我国企业科技人力资源的伦理管理起到了榜样的作用和正面的影响，为我国大多数企业科技人力资源管理伦理建设起到了积极的促进作用。

但是，由于受市场经济环境中一些负面因素，如过于追求经济效益的影响，很多国内私营企业、外资独资企业等由于其本身管理成本（人力资本投入）因素及客观环境因素的影响，还没有达到真正体现以人为本，实现人本管理的伦理要求，如在管理过程中，缺少内在本质上的公平公正而难以消除各种歧视，缺少或不够科学合理的绩效薪酬管理而难以消除分配不公，很少做到以员工为本，忽视科技员工身心健康，缺少关注科技员工职业发展及规划等问题。在我国，上述企业较多，如网络披露的华北地区十余所高校联合调查显示，富士康公司在进行科技人力资源管理过程中，一些员工出现了过激行为（如员工跳楼自杀等），这也体现了其科技人力资源管理存在的一些伦理问题；又如我国南方一些合资企业多数只顾及追求经济利益、忽视员工身心健康、过于严格管理，这些企业没有意识到科技人力资源管理伦理建设的重要性，也很少注重在企业中进行科技人力资源伦理管理，这给科技人力资源成长和潜力发挥、企业绩效的实现带来了一定的负面作用，影响了社会的进步和发展。通过对 3 个城市 21 家企业的调查发现，在这 21 家企业中，能够满足管理伦理一般要求的，管理过程中不违背劳动法律法规规定的为 5 家；科技人力资源管理伦理建设较好的、能够达到重要的伦理管理要求的，即做到以人为本的伦理管理，坚持公平、公开、公正管理原则，兼顾效率与公平的仅为 3 家，其余 13 家企业在科技人力资源伦理管理方面或多或少存在一些问题，需要大力加强管理伦理建设工作。本次调查结果为：科技人力资源管理伦理建设达到一般要求及以上的企业占调查总数的 38%，达不到一般伦理要求的、尚需加强和改进管理伦理建设的企业比例为 62%。

第二节　企业科技人力资源管理中的伦理问题测量

一、企业科技人力资源管理伦理问卷调查与访谈

（一）企业科技人力资源管理伦理调查问卷

本研究采用问卷调查和实地访谈相结合的方式进行。

调查问卷结构。本研究调查问卷的设计吸收借鉴了国外成熟的量表开发技术和研究方法（Likert 量表法），参考了国内外学者(Schuster，1985；Huselid，1996；李学民、冯明，2009；赵曙明，2000、2011）关于管理伦理、人力资源管理绩效和企业绩效的相关研究，经过初始题项生成、问卷预试、数据收集处理、信度和效度检验等环节，对问卷进行不断修正，最后形成有效的正式调查问卷。正式有效问卷的结构包括五个部分：个人基本信息、企业基本情况、科技人力资源管理伦理调查、企业科技人力资源管理绩效调查和企业绩效调查。

变量设计与检验：

1. 企业科技人力资源管理伦理。本研究将企业科技人力资源管理伦理作为一个主要变量，在其构成维度设计方面打破了诸多学者单独从伦理角度静态考察人力资源管理的设计缺陷，而是从静态与动态相结合的人力资源管理与伦理管理相结合的角度进行合理设计。该变量主要从管理是否坚持人本的理念出发，涵括企业能否坚持公正、公平招聘原则，企业是否建立良好的绩效考核监督机制，企业能否按照员工贡献的大小进行合理的报酬分配，企业是否有良好的科技人员进行技术创新的环境和制度等 28 个调查项目，经过样本预试，删除解释率较低、载荷系数较低的 3 个项目，最后生成包含 25 个调查项目的正式问卷。该变量的信度检验使用内部一致性 a 系数值进行，即 Cronbach's Alpha 系数检验，a 系数介于 0.65～0.70 之间是最小的可接受值，a 系数介于 0.70～0.80 之间表示相当好，系数大于 0.80

表示非常好。通过检验，发现该部分调查问卷各部分 a 系数值均在 0.65 以上，问卷整体 a 系数值为 0.810，远高于最低检验标准 0.65，说明该部分问卷的信度较好。企业科技人力资源管理伦理问卷主要构成部分 a 系数值可靠性统计情况见表 3—1。在该部分问卷结构效度检验方面，经过相关度检验，发现每个维度的内部项目之间、各项目与总体结构之间的相关程度较为明显，相关系数均在 0.70 以上，存在较大的相关性，说明问卷总体结构效度较好。

表 3—1 企业科技人力资源管理伦理构成维度可靠性统计

Tab. 3. 1 Reliability statistics of enterprise HRST management ethics constitution

Cronbach's Alpha	0.836	0.821	0.702	0.656	0.810
项目数	5	7	6	7	25

2. 企业科技人力资源管理绩效。关于人力资源管理绩效指标的确定，国内学者也提出了一些观点。如有学者认为包括工作能力、责任感、工作创新和团队意识指标（刘长江，2010），有学者认为包括管理能力、工作业绩、工作态度和职业操守的层次研究（范德成、胡顺东，2008）以及基于财务绩效、客户绩效、内部流程和学习成长的平衡计分卡（BSC）而提出的测量指标（路露，2007；张家芳，2008；张伟、彭岩、许英强，2009）等。从目前国内的研究来看，从平衡计分卡的角度研究的较多，也是比较全面、科学的研究方法。因此，本研究企业科技人力资源管理绩效问卷的设计结合科技人力资源管理的特点，从平衡计分卡的 4 个角度入手，即从人力成本管理、员工及客户满意度、内部管理流程、学习创新角度出发，结合科技员工的特点，在每个项目或问题设计时充分考虑关键绩效指标（KPI）因素，生成含有 22 个项目的企业科技人力资源管理绩效调查指标。经过样本预试，删除解释率较低、载荷系数较低的 4 个项目，最后生成包含 18 个项目的企业科技人力资源管理绩效调查问卷。该部分问卷调查项目在设计过程中与多位人力资源管理者进行沟通，经过多次检

验修正，经过 SPSS 信度检验，发现该部分问卷信度检验 a 值为 0.856，说明具有良好信度；在效度检验方面，因该问卷项目结构较为清晰，各部分之间以及各部分与总体的相关系数均达到理想水平（0.70 以上）。

3. 企业绩效。关于企业绩效的组成及评价指标研究较多，其中较有影响的包括人力资源绩效、运作绩效、财务绩效和资本市场绩效评价模式（Dyer&Reeves，1995），总体绩效、员工流失率、销售增长率和利润增长率评价指标模式（刘善仕、周巧笑、刘学，2008），财务绩效、非财务绩效评价模式（宋典、袁勇志、彭纪生，2009）以及众多基于平衡计分卡展开的财务指标、客户指标、内部运营指标和学习成长指标的评价模式（毕意文，2003；姜定维、蔡薇，2004；王民元，2005）。目前，基于平衡计分卡（BSC）的研究占多数，也说明了平衡计分卡在企业绩效评价中的重要作用和影响程度。本研究从平衡计分卡的 4 个主要维度出发，设计问卷项目时充分考虑每个维度的关键绩效指标（KPI），结合科技企业的自身特点，经过多次与企业管理层的深度访谈，开发出了包含 23 个项目的企业绩效调查问卷。该部分初始问卷经过小样本的预测后进行了检验和筛选，对载荷系数小于 0.40 的 3 个项目进行了删除，最后保留了 20 个有效调查项目。在信度检验方面，发现该部分问卷 a 的系数值为 0.819；在效度检验方面，问卷结构效度检验的各项目、各项目与该部分问卷之间相关系数比较高，确保了此部分问卷内容的良好效度。

正式问卷包含 5 个部分，共 63 个调查项目。在正式调查过程中，本研究采用了 Likert 5 点量表测试方法作答，要求被试者对项目所表述的内容进行肯定性或否定性的评价。答案的肯定程度排序为：①＜②＜③＜④＜⑤，如“①”表示该项目中描述的科技人力资源伦理管理现象“从来没有出现”，“⑤”表示该项目中描述的伦理管理现象“总是出现”，由被调查者对每个问题进行①～⑤不同程度的选择。

数据收集与样本分布。在调查区域上，本次调查范围涉及北京、郑州、哈尔滨 3 个城市的 21 家有典型代表性的科技型企业，调查问卷发放的重点主要是在北京市中关村地区。中关村被称为中国的“硅谷”，是我国著名科技企业和科技人员大量聚集地区，以中关村为被调查对象，在一定程度上确保了调查的有效性和代表性；在被调查企业里，既包括一些知名企业，也包括一些普通企业，如摩托罗拉北京公司、华旗资讯企业（爱国者）、海尔北京分公司、北京计算机三厂、北京壁虎科技有限公司、首汽集团、北京科瑞有限公司、郑州瑞丰科技有限公司等的多次调查研究；在被调查人员中，主要是企业内部研发人员、科技管理人员和人力资源管理人员。本次调查采取到企业实地调查、电子邮件网上调查以及邮寄问卷相结合的方式，在调查行业方面，先后选取了制造业、建筑业、制药业、计算机服务及软件行业的一些主要企业，因为该行业科技人力资源密度较集中，一般来讲，科技人力资源越集中，其管理的伦理问题可能就比较明显或比较多，以这些行业作为主要样本具有典型性和代表性，保证了统计过程中行业样本选择的科学合理性，也保证了伦理指数测量和调查研究样本的效度。

为了保证总体样本选取的有效性和科学性，即取样研究能有效代替整体研究，采用实际调查中最常用的分类随机抽样法，这样可以保证其抽样平均误差达到较小状态。本次调查问卷共发出 210 份，共回收问卷 186 份，问卷回收率为 88.6%，经过严格审查和筛选，最终剩余有效问卷 122 份。经过统计，生成问卷调查的个人基本信息情况统计表（见表 3—2）。通过问卷调研发现，企业在对科技人力资源管理过程中存在招聘歧视、用人不规范、绩效薪酬管理不公平公正、忽视员工身心健康和全面发展等伦理问题，相关调研内容在伦理问题阐述部分中进行说明。

经过对调查对象基本情况数据的频率描述分析，生成和调查个人基本情况描述统计量表（见表 3—3），反映调查对象性别、年龄、受教育程度、工作年限和工作岗位的均值、中值、众数、标准差、方差、极大值和极小值等情况，如在各项目众数（相对出现次数最多的数值）的分析中，可以发现“男性”“31～40 岁”“本科”“工作年限

表 3—2　问卷调查个人基本信息统计（N=122）

Tab. 3. 2　Statistics of personal basic information of the questionnaire（N=122）

项目	分类	编码	频率	百分比（%）
年龄	20～30 岁	1	18	14.8
	31～40 岁	2	58	47.5
	41～50 岁	3	43	35.2
	51～60 岁	4	3	2.5
性别	男	1	101	82.8
	女	2	21	17.2
受教育程度	高中及以下	1	8	6.6
	大专	2	34	27.9
	本科	3	65	53.3
	研究生	4	15	12.3
工作年限	3 年以下	1	29	23.8
	3～5 年	2	44	36.1
	6～10 年	3	39	32.0
	10 年以上	4	10	8.2
工作岗位	人力资源管理	1	24	19.7
	技术研发	2	72	59.0
	科学研究	3	22	18.0
	其他	4	4	3.3

表 3—3 个人基本情况描述统计分析

Tab. 3. 3 Descriptive statistic ananlysis of the personal basic scale

		性别	年龄	受教育程度	工作年限	工作岗位
N	有效份数	122	122	122	122	122
	缺失份数	0	0	0	0	0
	均值	1.172 1	2.254 1	2.713 1	2.245 9	2.049 2
	中值	1.000 0	2.000 0	3.000 0	2.000 0	2.000 0
	众数	1.00	2.00	3.00	2.00	2.00
	标准差	0.379 05	0.733 63	0.765 79	0.911 92	0.714 11
	方差	0.144	0.538	0.586	0.832	0.510
	极小值	1.00	1.00	1.00	1.00	1.00
	极大值	2.00	4.00	4.00	4.00	4.00

3～5 年”以及“技术研发岗位”在各组中出现次数最多等。

（二）企业科技人力资源管理伦理的实地访谈

访谈方式为结构性访谈（设计好问题及其答案）和非结构性访谈（自由提问和做出回答），访谈提纲见附件 2。首先，本调查采访了国内的一些理论和实践专家和学者，对一些知名院校的人力资源管理专家（如中国人民大学劳动人事学院的部分人力资源管理研究专家等）进行了访谈，从理论上分析企业科技人力资源管理伦理问题的现状、形成原因以及解决问题的具体建议和对策，以求得能够有效地寻求科学的对策及建议；其次，本调查还对国内一些科技企业的人力资源管理者进行了大量的访谈，如联想、爱国者、威盛电子以及一些普通科技型企业的人力资源总监及培训人员、技术人员和研发人员等，访谈对象基本信息见表 3—4。通过访谈发现，科技员工管理的伦理问题确实大量存在，并且有不断扩大的趋势，相关调研情况在伦理问题阐述部分中进行说明。

表 3—4 企业被访谈部分对象基本信息统计

Tab. 3. 4 The basic information statistics of enterprise part person interviewed

姓	性别	学历	职位	工作年限	行业领域	企业规模	所有制
卫	男	本科	人力总监	4年	电子制造	大型	国有
萧	女	本科	人力总监	3年	高科技电子	中型	民营
王	男	本科	人力总监	5年	电子制造	大型	外资
邓	男	专科	工会主席	6年	计算机硬件制造	小型	国有
项	男	研究生	人力主管	8年	软件开发	小型	民营
刘	男	本科	人力总监	4年	空调制造	中型	民营
张	男	本科	研发人员	3年	软件编程	小型	民营
赵	男	本科	研发人员	5年	药品研制	中型	国有

二、企业科技人力资源管理中的伦理问题

目前国内的多数调研情况也显示出我国多数企业在科技人力资源管理过程中存在大量的伦理问题，如招聘歧视现象严重、绩效考核不公正、薪酬不合理、对科技人员关心不够、忽视其全面发展等问题。冯明、郭雅丽在《中国软科学》2009 年第 5 期中撰文指出，我国包括科技型企业在内，多数企业比较忽视人力资源管理的伦理建设，能够做到招聘公正公平，考核结果公开，以培养员工为企业的社会责任，安全教育培训，员工道德品质考核，避免歧视行为，尊重员工知情权，隐私权，公司利益兼顾社会责任，解雇员工公正，考核结果反馈，考核等级明确，惩罚结果通报，特殊津贴等伦理方面建设的企业还不到 20%。

在管理伦理问题的识别和判断原则方面，国内外学者提出了不同的观点。如 Robinson 和 Bennett（1995）认为，对不伦理行为的界定是以社会标准为基础的，而不是根据组织的标准；英国人事发展协会（CIPD）提出了公平公正原则；美国人力资源开发科学院（AHRD）提出了平等、以身作则原则；Winstanley（2000）提出了目标一致原

则；Wiley（2000）提出了正直、诚实原则；L. Schumann（2001）提出了功利、权利、分配公正、照顾和德行的人力资源管理道德判断原则。近些年来，国内学者也积极开展了人力资源管理伦理的识别和判断原则，如戴木才（2001）提出了尊重、关心、权利、民主的判断原则；陈少峰（2002）提出了企业与人力资源管理者的责任原则；陈春萍（2003）则提出了激励和规范原则等。结合国内外学者的研究情况，考虑科技人力资源及其管理的特点，本研究认为，企业科技人力资源管理是否出现伦理问题的判断标准应该包括以人为本原则、公平公正原则、公开平等原则、和谐创新原则和责任管理原则。

通过对北京、郑州、哈尔滨等地 21 家科技型企业的科技人力资源管理伦理的问卷调查和统计分析，以及对一些科技企业人力资源管理者的深度访谈，发现目前以北京地区为主的一些科技企业进行科技人力资源管理过程中的确存在大量的伦理问题，具体可以分成以下几类：招聘用人伦理问题，绩效考核不公正、薪酬管理不公平、不关心员工身心健康以及忽视科技员工职业生涯规划伦理问题等。

（一）科技人力资源招聘用人伦理问题

Buckley（2001）、Weaver 和 Trevino（2001）对国外人力资源管理过程中的招聘问题进行了研究，列举了招聘过程中存在的一些伦理问题。本研究通过对 21 家企业进行的问卷调查和实际访谈，发现在该项目调查过程中，主要存在企业外部招聘歧视，以及内部招聘（即企业内部用人方面）的不公正、不民主等问题。

招聘用人歧视的识别标准。按照国际劳工组织《1958 年（就业和职业）歧视公约》（第 111 号）的规定，歧视是指基于种族、肤色、性别、宗教、政治见解、民族血统、社会出身或任何其他区别、排斥或特惠，其后果为取消或者损害就业或职业方面的机会平等或待遇平等。在确定是否构成歧视及用人不公问题的过程中，我们也要注意企业招聘及用人的条件是不是与其所应聘的工作和岗位相关。如果招聘用人的条件与工作岗位有关，如矿山、井下、高空、高温及有毒有害等工作岗位不能录用女性，那么这样的条件限制就不能视为招聘歧视，而是依据相关劳动法律法规规定体现了对女性身心健康的关爱和照顾；但是如果招聘用人的条件与工作岗位无关而形成了一种差别对待，如果性别、生理、年龄等条件并不影响科研岗位、技术开发岗位以及科技管理岗位而被限制招用的话，则可以确定为招聘用人歧视及不公的伦理问题。

招聘用人歧视的调研现状。本次调查主要从两个方面以 5 个问题的形式对外部招聘及内部用人等问题进行了调查。调研项目包括：A1 企业在招聘过程公正，不存在性别、年龄、户籍等歧视现象；A2 应聘人员在同等条件下，企业能够坚持公正、公平招聘的原则；A3 企业的招聘过程是向社会公开透明的；A4 企业有良好的用人制度，能够吸引外部科技人才加入；A5 企业对员工任用能够进行公开竞争、任人唯贤。在作答方式上，采用李克特五点量表作答法，“1”表示“从来没有”，“2”表示“不经常”，“3”表示“有时”，“4”表示“经常”，“5”表示“总是”。通过对问卷结果的描述统计分析，生成 5 个项目的包括调查结果的均值、中值、众数、标准差、方差、极大值和极小值的描述统计情况，见表 3—5。

表 3—5　　招聘用人调查描述统计分析

Tab. 3. 5　　Descriptive statistic analysis of recruitment and employment survey

		A1	A2	A3	A4	A5
N	有效	122	122	122	122	122
	缺失	0	0	0	0	0
	均值	3.270 5	3.491 8	3.508 2	3.614 8	3.532 8
	中值	3.000 0	3.000 0	4.000 0	4.000 0	3.500 0
	众数	3.00	3.00	4.00	4.00	3.00
	标准差	0.918 47	0.920 35	0.920 35	0.847 42	0.804 78
	方差	0.844	0.847	0.847	0.718	0.648
	极小值	1.00	1.00	1.00	2.00	2.00
	极大值	5.00	5.00	5.00	5.00	5.00

从表 3—5 中可以发现，A1、A2、A5 的众数是“3”，A3、A4 的众数是“4”，即 A1、A2、A5 的答案出现次数最多的是“3”，表示“有时”能够做到调查的项目情况；A3、A4 的答案出现次数最多的是“4”，表示“经常”能够做到调查的项目情况，其他分析略。结合频率统计分析表 3—5，本研究又对各个项目进行了单独的作答频率统计分析，并获得下列相关数据（见表 3—6）：

表 3—6　　招聘及用人各项目测量调查统计（N＝122）

Tab. 3. 6　　Statistics of each project of recruitment and employment survey (N＝122)　　(%)

调研项目	从来没有	不经常	有时	经常	总是
A1 企业招聘过程公正，不存在性别、年龄、户籍等歧视现象	3.3	13.9	43.4	31.1	8.2
A2 应聘人员在同等条件下，企业能够坚持公正、公平的招聘原则	8	10.7	43.3	28.7	16.4
A3 企业的招聘过程是向社会公开的、透明的	8	13.1	34.4	37.7	13.9
A4 企业有良好的用人制度，能够吸引外部科技人才加入	0	9	38.2	38	14.8
A5 企业对员工任用能够进行公开竞争、任人唯贤	0	8.2	41.8	38.5	11.5

表 3—6 中的数据显示，“企业招聘科技人员不存在歧视现象”的“有时”（43.4%）情况大于“经常”（31.1%）的情况，“同等条件下公平公正的招聘”的“有时”（43.3%）情况也远大于“经常”（28.7%）的情况，“企业用人公开竞争、任人唯贤”的“有时”（41.8%）情况也大于“经常”（38.5%）的情况，“企业用人制度良好，吸引外部人才加入”的“有时”情况（38.2%）大于“经常”（38%）的情况，这几个方面的调查统计数据说明企业科技人力资源招聘时普遍存在歧视现象，以及用人制度存在公开竞争、任人唯贤等

问题；“企业招聘过程向社会公开”的“经常”（37.7%）大于“有时”（34.4%）的比例，说明企业科技人员招聘有一定的公开透明度。

从招聘歧视的种类来看，目前企业招聘科技人员的时候主要存在性别歧视（如多数只招聘男性，不愿意录用女性）、户籍歧视（如北京、上海等地要求本地户口）、学历歧视（如过于追求高学历和高学位）、相貌歧视（五官端正）、年龄歧视（35 岁以下）、身体健康歧视等与工作无关的违背伦理道德的现象。在上述情况中，对女性的性别歧视是很常见的一种现象，如同等条件下的科技人员应聘，录用男性而不录用女性，或者根本就不考虑女性的录用等；年龄歧视也是目前市场经济条件下较为常见的一种歧视，“35 岁以下录用”的现象限制且阻碍了科技人才的技能发挥和合理流动；学历歧视中的“学历高消费”现象目前也成为许多科技企业炫耀门面并逐渐蔓延扩散的一种不合理现象等。这些问题不但影响员工的心理健康，而且给经济的正常发展带来了一定的阻碍。从这个现象上可以看出，就业歧视违背了就业人员在就业过程中机会均等、权利平等的基本原则。上述的调查情况与目前国内外的相关调查结论非常接近。

性别歧视是科技人员招聘用人比较普遍的一种现象，影响也较大。根据美国调查机构 Catalys 提供的数字表明，全美 500 家最大的技术公司中，只有 11% 的法人是女性，全球范围内这一比例为 15.7%；全美技术公司的董事会成员中有 9.3% 是女性，全球为 12%。而信息技术协会发布的一份报告则指出，1996—2002 年，从事 IT 行业的技术女性从 25%增加到 25.3%，增幅极微，即很少招聘女性，美国妇女失业率比男子失业率高 30%左右。在 2008 年中国科协发布的《报告》数据中，我国科技人力资源总量的男女性别比约为 2∶1，即女性占总数量的 1/3 左右。无论是从上述的美国调查还是从这次的调查中都发现，科技型企业或纯技术型企业内部科技人员的组成数量中，女性数量根本就不到总数的 1/3，甚至更少。虽然可能存在男女在技术学科培养方面上有一定的数量区别，但调查的情况还是在一定程度上体现了技术劳动力市场上对女性科技人员录用的歧视现象。拒绝或避免录用女性的原因是因为女性因存在孕期、产期及哺乳期的情况会影响工作的开展，以及女性员工的退休年龄比男性早5～10年，这些将无疑会增加企业人力资本的成本。通过实际访谈及问卷调查发现，调查科技型企业中约85%的企业在招聘过程中存在性别、年龄、相貌及户籍歧视等现象，而且企业招聘标准不够科学合理。

在招聘伦理道德问题的表现形式方面，依据公平、公正、平等的伦理原则和道德规范，经过调查发现，目前企业科技人力资源招聘过程中产生的违背公平、公正伦理道德现象比较严重，其表现形式主要有两个方面：一是企业在招聘过程中产生的各种伦理问题，即因企业管理不当而产生的伦理道德问题，如性别歧视、年龄歧视、学历歧视等各种招聘歧视现象，并且因此而给企业发展或社会稳定带来一定的不利影响；二是应聘科技人员的人为伦理道德问题，调查表明，无论是高校应届毕业生还是社会应聘者在应聘过程中通常存在不诚实的现象，大约70%以上的应聘者在应聘中或多或少地存在隐瞒真实信息和进行信息欺诈行为，如有的伪造简历、学历、学位以及各种资格证书和执业证书等现象，甚至存在故意夸大自己的能力和水平等。

在内部招聘用人方面，问卷调研统计显示，35.2%的调查对象认为企业有时有良好的用人制度，41.8%的调查对象认为企业“有时”任用员工能够公开竞争，任人唯贤。通过访谈也发现，尤其是民营家族企业，在内部招聘用人方面很不规范，存在依靠家族关系、裙带关系晋升或提拔的科技管理人员不在少数，这些现象很容易引起科技员工们的不公平感，影响研发人员工作潜力的发挥和绩效的提高，甚至给企业绩效带来一定负面作用。

（二）科技人力资源绩效考核伦理问题

绩效考核是指企业为了实现其本身的生产经营目的，根据一定的考查标准、考查指标和考查方法，运用科学、合理的考核方法，对其内部管理人员和技术人员完成指定任务的工作实绩及其效果做出价值判断的管理过程。绩效考核是绩效管理中的一个重要环节，在整个人力资源管理各环节中处于核心地位，对其他各环节具有重要影响。绩效考核是对企业内部管理及技术人员完成指定目标情况的一个监控、记录、考评与分析的过程，应坚持客观、公平、公正、反馈、公开、差别奖惩等考核原则。

2007 年的中国企业绩效考核现状调查结果显示：大部分企业包括科技型企业，其考核目的还停留在传统的薪酬支付、职位升降的概念上，31.3%的企业高层管理者对绩效考核不够重视，管理人员绩效考核方面的知识和能力普遍较低，也很少接受过相关知识培训，而普通员工视绩效考核为管理层的工作，基本不参与，相当一部分企业员工绩效还是由领导说了算，绩效考核的主观性十分明显。通过调查发现，评估考核者的主观偏见是使绝大多数员工对绩效评估体系产生敌意的主要因素；考评者与被考评者很少进行沟通和结果反馈，没有建立考评结果转化机制和考评监督机制，员工对考核过程不理解，完全处于被动，对自身的考核结果没有明确的申诉渠道。通过资料调研（中国人力资源开发网）发现，被调查的企业中，考评过程不够客观公正的多达 52.9%；考核内容、考核方法与流程不合理的分别占 39.5%和 39.3%；而有 33.3%的企业最终考核结果都没能拉开差距，35.5%的企业考核结果不能发挥实际作用，其中 25.1%的企业的绩效考核系统对推动员工业绩增长效果不显著，26.7%的企业对推动员工工作能力提升作用不大。而企业员工对绩效考核过程、方法和实施效果的不满意率则分别达到 31.1%、24.4%和 38.5%。

在科技人员绩效考核调研方面，本研究从考核制度制定、考核制度执行和监督管理 3 个方面出发，设计相应的测试题项进行检验，分别是：B1 技术员工考核标准是科学公正的，符合员工的工作特点；B2 技术员工绩效考核的过程是公开、透明的；B3 绩效考核制度能够征求员工的建议或意见；B4 企业的绩效考核制度能够严格认真地执行，B5 企业建立了良好的绩效考核监督机制。调查对象的作答方式同上，仍是 5 点量表法，不再详述。调研基本情况见表 3—7。

表 3—7 被调查企业绩效考核描述统计分析

Tab. 3. 7 Descriptive statistic analysis of performance evaluation of enterprises surveyed

		B1	B2	B3	B4	B5
N	有效	122	122	122	122	122
	缺失	0	0	0	0	0
	均值	3.524 6	3.475 4	3.500 0	3.467 2	3.532 8
	中值	4.000 0	3.000 0	3.000 0	4.000 0	4.000 0
	众数	4.00	3.00	3.00	4.00	3.00
	标准差	0.883 39	0.762 91	0.815 65	0.751 69	0.794 45
	方差	0.780	0.582	0.665	0.565	0.631
	极小值	2.00	2.00	2.00	2.00	2.00
	极大值	5.00	5.00	5.00	5.00	5.00

表 3—7 显示了被调查企业绩效考核方面统计的均值、中值、众数、标准差、方差、极大值和极小值等基本情况。

表 3—8 绩效考核各题项测量统计（N＝122）

Tab. 3. 8 Statistics of each project of performance evaluation survey（N＝122） （%）

调研项目	从来没有	不经常	有时	经常	总是
B1 技术员工考核标准是科学、公正的，符合员工的工作特点	0	13.1	34.4	39.3	13.1
B2 技术员工绩效考核的过程是公开、透明的	0	9	41.8	41.8	7.4
B3 绩效考核制度能够征求员工的建议或意见	0	9.8	41	38.5	10.7
B4 企业的绩效考核制度能够严格认真执行	0	9.8	39.3	45.1	5.7
B5 企业建立了良好的绩效考核监督机制	0	8.2	41	40.2	10.7

表 3—8 中的情况说明我国企业进行科技人力资源绩效考核时，各项制度科学合理、执行严格认真、监督到位等能够做到“总是”的程度较少。其中，“考核过程公开”“员工参与考核制度制定及考核监督”做到“有时”的比例大于“经常”的比例，说明这三个方面的问题比较突出；此外，考核制度是否科学合理、考核制度是否认真执行也是需要密切关注的重要问题。

通过对本次问卷调查的进一步统计分析，发现 35％的管理者及 67％的技术员工对现行的绩效考核制度不是非常满意的。这方面的原因主要是技术人员的技术成果有时很难科学公正地进行衡量，包括科研成果的具体使用价值。因此，技术人员经常认为自己的科研成果价值被低估，感觉到绩效评估方面出现了问题，违背了公平公正的考核原则，通过对北京、郑州、哈尔滨等地企业科技人力资源绩效管理的调查，结合资料调研，该方面的问题具体表现如下：

一是企业科技人员绩效考核体系设计不合理。国务院发展研究中心曾主办中国企业人力资源管理发展论坛暨调查报告成果发布会，调查结果显示，人员绩效考核尚未普遍成为国内企业必须进行的一项人力资源管理工作，同时急需制定完备的、与其相应的考核指标体系。在对中央国企科技人才绩效管理的调查过程中发现，对“你们单位科技人才工作，哪些方面难度大”一项的调查显示，排在前几位的是“如何使绩效评价更科学，如何提高科技人员的创新能力，如何拓展科技人员的晋升渠道”。目前国有企业中科技人才普遍缺乏根据科技工作特点制定的业绩考核评价体系，很多单位还在采用以“德、能、勤、绩”为主要内容的绩效考核办法，这套绩效考核办法不能体现出科技工作的特点，科技人才多干少干都得不到一种客观的评价，不仅不能调动科技人员的积极性，反而会造成一种“大锅饭”的局面，该评价体系没有兼顾能力、岗位、资历、主观能动性等智力和非智力因素。

科技人员绩效考核制度不合理主要体现在几个方面：（1）绩效考核指标不够全面，调查的很多企业对于科技人员的考核只注重经济目标数量的完成情况，忽视了从目标的质量、时效、成本以及对他人的影响等指标进行考核；（2）绩效考核的标准规定不明确，如很多企业用“优”“良”“中”“合格”“不合格”或者“优秀”“满意”“良好”“较好”“较差”等没有清晰尺度的模糊级来设定考核标准，使得绩效考核的标准无法具体量化或细化，不具有操作性；（3）员工任务及目标设置不到位、责任不明确，导致有时员工无法完成任务或对目标有更清楚的认识和理解，导致任务完成不到位；（4）考核工作制定和实施未充分考虑员工个体差异，忽视员工个体特征和创新精神，存在一定片面性。上述情况在科技型企业中表现得特别明显，甚至多数企业绩效考核的信度和效度存在问题，不但现有的绩效考核结果优势并未反映出或仅在一定程度上反映部分企业科技人员工作成果的真实状况，而且现有的考核只是对科技人员的“显质”的评价，关注科技人员已表现出来的过去的业绩和影响，还缺乏对科技人员未来能够进行创新的“潜质”品质的科学评价；（5）考核指标过于追求量化细化，轻视过程考核，否认科技人员主观因素在绩效考核中的积极作用。

二是绩效考核工作组织实施不规范，缺乏考核工作的监督力度。通过对企业科技人力资源绩效考核的问卷调查和走访发现，所调查的科技型企业中有 2/3 的企业实行了完整的绩效考核制度，在这些企业中，超过六成的企业以定量考核为主，定性考核为辅；六成以上的企业采用目标考核法为主，量表法、工作述职法、360 度考评法和民主评议法也是常用的方法。目前，国内学者对大多数科技型企业的实践调查发现，考核制度和培训制度是所有企业内部相关制度中执行最不得力的两项制度，分别有一半的企业不按照企业的规定来认真执行考核及员工培训制度；同样的绩效考核制度在企业内部由于不同主管人员对下属考核的要求不同而无法有效运作，考核主管人员因为未经过良好的培训而容易出现或导致一系列问题：如晕轮效应、宽容、苛刻的、居中倾向误差、近因误差、对照效应等。科技人员的绩效考核有时因部门主管人员的汇报结果不同而使得相同的工作任务得到不同的评价，如对于同样的任务和目标，有的员工可能得到主管较好的评价，甚至获得奖励，有的可能就得到一般的评价，甚至考核为合格，这样就出现了考核的不公平现象，违背了考核公平、公正、公开的伦理道德原则。此外，多数被调查企业考绩只是反映了绩效考核的现状，没有反映科技员工的改进方面和具体要求，而后者往往对企业的发展具有更大影响，也就是说，对于员工的绩效考核结果，多数企业没有向员工透露，很少公开，员工无法进行民主监督，技术员工只知道自己合格，却不知道自己的工作成绩如何，差在哪里，如何改进，一定程度上阻碍了员工的进步和成长，出现了对员工不负责任的现象，进而影响企业目标的实现。这样不公平或暗箱操作的考核的绩效缺乏透明度与公平性，不但达不到考核的效果，反而会极大地挫伤员工的积极性和主动性。

三是科技人员绩效考核制度制定过程不民主，缺乏员工的参与和支持。

调查发现，很多企业在制定企业科技人员考核制度时根本就没有把员工的参与考虑进去，而是凭管理者和人力资源管理部门的协商就确定下来，如长沙某科技企业在制定职工绩效考核方案时，并没有和基层职工进行充分的沟通共同制定绩效目标。大多数情况下，基层职工绩效目标来于直接主管的安排，科技人员被动地工作，而无法了解自己，完成后应收到什么样的效果。这种情况忽视了科技员工当家做主的民主权利，对员工不够尊重，根本没有以人为本的管理理念，非常容易引起员工的反感和愤怒，缺少员工支持，导致科技员工公正态度不够端正，工作数量和质量完成不到位，进而影响员工主动性、积极性的发挥和任务的完成。

（三）科技人力资源薪酬管理伦理问题

薪酬是指个人因体力及脑力劳动的付出而获得组织支付的以工资、奖金、福利待遇以及金钱或实物形式支付的各种劳动回报。广义的薪酬包括经济性薪酬和非经济性薪酬。经济性薪酬是指工资、奖金、福利待遇等，也叫货币薪酬，包括直接性报酬和间接报酬；非经济性薪酬指个人对工作本身或对工作在心理与物质环境上的满足感，也叫非货币薪酬，比如有成就感的工作或良好的工作环境（刘永中、金才兵，2005）。我国学者赵兰香（2004）认为薪酬制度包含4个部分：内在的“经济性薪酬”是指职工福利；外在的“经济性薪酬”是通常所指的工资性收入；内在的“非经济性薪酬”是指工作本身所提供的乐趣和个人发展空间；外在的“非经济性薪酬”是指工作环境，包括硬件环境和软件环境即人文环境。Wally Nichols（2006）认为未来薪酬有4个领域，即基薪、福利、工作环境以及学习和培训。新的薪酬模型不仅包括一个可见的反映雇员的基薪、长短期激励和福利的工资单，还包括一个隐性的工资单，它涉及职位生涯、个人成长激励等。薪酬的发放可以依据员工职务与岗位、员工技能、员工资历以及员工业绩等。薪酬管理是指在企业整体发展战略指导下，对企业员工薪酬水平（外部竞争性）、薪酬结构（内部一致性）、薪酬发放依据、原则和方式、薪酬战略等进行明确、实施和改革的动态控制过程。良好的薪酬管理具有稳定优秀员工队伍、保障员工生活、提高组织竞争力、激励员工及优化人力资源配置、提高企业绩效的良好作用。

薪酬管理应该发挥其应有的作用，达到管理公平、激励高效与实施合法三个基本目标。然而，目前国内外的薪酬管理都存在一定的伦理问题。Buckley（2001）、Wells 和 Schminke（2001）对国外企业人力资源管理过程中的薪酬和奖励体系存在的伦理问题进行了研究，明确了国外薪酬管理存在明显的公正、公平等伦理问题；通过调查发现，目前我国企业科技人员的薪酬不合理、不公正现象十分明显，本研究以“C1 企业能够按照员工贡献的大小进行合理的报酬分配；C2 企业中的各种报酬及奖励的分配过程是公开透明的；C3 企业建立了完整的养老、失业、工伤、医疗保险制度；C4 企业的薪酬制度能够随着环境变化进行相应的调整；C5 员工能够对企业的激励制度提出合理的建议”为调查题项进行调研分析，并得出相关结论，见表3—9和表3—10。

表 3—9 被调查企业薪酬管理描述统计分析（N＝122）

Tab. 3. 9 Descriptive statistic analysis of salary management of the enterprises surveyed

		C1	C2	C3	C4	C5
N	有效	122	122	122	122	122
	缺失	0	0	0	0	0
	均值	3.442 6	3.688 5	3.647 5	3.532 8	3.606 6
	中值	3.000 0	3.000 0	4.000 0	4.000 0	4.000 0
	众数	3.00	3.00	4.00	4.00	4.00
	标准差	0.803 39	0.793 98	0.880 67	0.814 99	0.755 78
	方差	0.645	7.258	0.776	0.664	0.571
	极小值	2.00	2.00	2.00	1.00	2.00
	极大值	5.00	5.00	5.00	5.00	5.00

表 3—9 显示了被调查企业薪酬管理方面统计的均值、中值、众数、标准差、方差、极大值和极小值等基本情况。

表 3—10 薪酬管理各题项测量统计（N＝122）

Tab. 3. 10 Statistics of each project of salary management survey（N＝122） （%）

调研项目	从来没有	不经常	有时	经常	总是
C1 企业能够按照员工贡献的大小进行合理的报酬分配	0	10.7	43.4	36.9	9
C2 企业中的各种报酬及奖励的分配过程是公开透明的	0	7.4	48.4	34.4	9.8
C3 企业建立了完整的养老、失业、工伤、医疗保险制度	0	9	35.2	37.7	18
C4 企业的薪酬制度能够随着环境变化进行相应的调整	0.8	8.2	37.7	43.4	9.8
C5 员工能够对企业的激励制度提出合理的建议	0	6.6	36.1	47.5	9.8

表3—10显示，企业在进行科技人力资源管理的过程中，薪酬制度合理、过程公开透明、建立社会保险、薪酬随环境变革等制度能够做到“总是”比例不高，只有社会保险因劳动法律法规的严格要求而达到较高的比例；其中，“薪酬制度合理”与“薪酬分配公开透明”的“有时”比例大于“经常”比例，说明这两个方面的问题比较突出，也是比较普遍的伦理问题；“薪酬随环境改革”“建立社会保险”和“激励建议接受”的“经常”比例大于“有时”，但比例也都在50%以下，说明企业科技人员的薪酬制度变革、社会保险、员工民主参与薪酬管理等伦理问题也是需要加以关注的。

结合定量分析，本研究从定性的角度对薪酬管理问题进行归纳探讨。

首先，企业科技人员薪酬收入偏低，与其劳动付出不成比例，外部竞争性不强。在薪资收入调查方面，2008年，中国科协在第二次科技工作者状况调查报告曾经就整体科技工作者的状况发布了一些相关信息，中国科学技术协会调研宣传部开展的《中国科技工作者状况调查》（2004）显示，愿意子女将来从事自己职业的科技工作者仅占19%，不愿意的达51%，想更换职业和工作的原因主要包括：收入待遇太差（51.8%）、没有发展前途（41.4%）和工作压力大（33.5%）；科技人力资源对其所面临的住房分配制度、工作收入、发展空间、社会声望、成就感等满意度相对较低，表示满意者比例分别为20.8%、20.9%、26.5%、31.6%、32.1%。通过资料调研发现，被调查的绝大多数科技工作者实际年收入尚不足3万元（当地普通职工的中等水平年收入）的比例达48.4%，这一比例与45.1%的科技工作者认为其年收入未达当地中等水平基本一致。年收入不足3万元者，省会以上城市的科技工作者在4成以上，地、县级城市或地区的比例更高；年收入未达中等收入水平者，东、中、西部科技工作者的比例均在40%以上，说明科技工作者的收入整体上相对偏低。在实地调研中发现，大多科技工作者表示：“要做科研，就不要想挣大钱。”其首先考虑的不是有多高的收入，而是希望把工作做好，对经济收入的期待比较客观理性，反映出他们甘于奉献、报效祖国的精神境界。此外，在中层管理者工资福利待遇得到改善的同时，普通科技人员的薪酬福利待遇却没有改善提高；我国普通科技人员的工资水平很低，如我国纺织工人的工资只有印度的1/4，欧盟国家的1/24，机械制造业的员工的工资只有日本工人的1/30；此外科技员工工资增长缓慢，严重滞后于经济增长的速度，如近几年制造业员工的人均人工成本增速6.4%，而同期工业GDP年均递增了11.4%。此外，在电力、电信、烟草等国有垄断行业中，同工不同酬的问题依然十分严重。浙江民营企业科技人员对自己得到的薪酬存在严重不满，如一些高学历科技人员认为没有得到与自己学历相应的收入，高职称科技人员也认为没有得到与自己职称相应的收入，企业内部员工所得收入与职称基本上没有什么关联。在调查中相当多的科技人员反映，企业在薪酬制度具体操作方面，存在官本位思想、“薪酬大锅饭”的思想和“熬年头”的思想。这表明现有制度的某些规定可能在具体操作中产生了一定的偏差，存在一定的难度。

在科技员工薪酬满意度的区域调查方面，新疆大型国企科技工作者的收入状况及满意度的调查显示，月均收入为2 000～3 000元的比例达到58.91%，认为自己合理收入应为4 000元以上的比例达到71.02%；全疆2007年在岗职工平均货币工资为21 434元，可见科技工作者对薪金状况的满意程度偏低，见表3—11。

表3—11　新疆大型国企青年科技工作者收入满意度调查结果

Tab. 3. 11　Young science and technology worker's income satisfaction survey results of large state－owned enterprises in Xinjiang

满意程度	比较满意	一般满意	不太满意	非常不满意	非常满意
占调查对象比例（%）	11.95	54.58	24.30	9.16	0

同样，北京企业科技人员最不满意的五个因素是住房、奖金、收入、待遇的公平性、科研成果的社会影响或学术地位。把满意因素与重视因素相比较分析，可以看出科技人员最满意的因素大都是他们不

重视的因素，最不满意的大都是比较重视的，这种状况表明整个科技队伍潜藏着较大的隐患，因而也隐藏着较大的流动。在对广州的调查中发现，49.7%的人员对福利和保障制度不满。对收入比较满意的只有19.3%，不满意的则占32.2%；在福利和保障方面，只有11.4%的人员认为较好，48.1%的人员认较差，见表3—12。

表3—12　广州企业科技人员福利和保障制度满意程度调查结果

Tab. 3. 12　Welfare and security system satisfaction survey results of scientific and technical personnel of Guangzhou enterprises

调查项目	福利和保障满意	福利和保障不满意	福利和保障一般满意	薪酬收入比较满意程度	薪酬收入不满意程度
所占比例（%）	11.4	49.7	38.9	19.3	32.2

从科技人员所属行业的角度来看，国有煤炭企业科技人员对目前收入水平和工作环境条件普遍表示不满意。调查显示，除一些上市公司和新建企业外，国有煤炭企业科技人员每月总收入一般在千元以下，困难企业甚至不到500元。资料显示，抽样调查的12家企业科技人员薪酬收入情况普遍偏低，见表3—13。科技人员对目前收入水平感到满意（包括很满意、基本满意、相对于企业其他员工感到满意）的比重仅为36.3%，感到不太满意或很不满意的比重为62.7%；科技人员对目前工作环境条件感到满意（包括很满意、基本满意、相对于企业其他员工感到满意）的比重为40%，感到不太满意或很不满意的比重为60%。

表3—13　国有煤炭企业科技人员收入调查结果

Tab. 3. 13　Scientific and technical personnel's income survey results of state－owned coal enterprises

科技人员收入/月	1 000元以下	1 000～2 000元	2 000～3 000元	3 000元以上
所占比例（%）	69.4	27.5	2.9	0.2

上述情况反映出大多数企业科技员工薪酬福利没有达到员工基本需求，付出与回报不成合适比例，反映出薪酬福利管理违背了公正公平的伦理道德原则，导致科技人员的满意度不高。出现这样问题的原因除了企业的薪酬管理本身存在问题外，还与国家及当地经济发展水平密切相关。

其次，企业科技人员薪酬福利体系不健全，执行过程不够公开，缺乏保障机制。多数企业科技人员的薪酬体系的制定缺乏严谨的、合理的科学依据，甚至还因薪酬福利制度执行不到位、过程不透明、不公开而产生各种违背伦理道德的情况。劳动和社会保障部劳动工资研究所出版的《我国企业薪酬热点问题剖析》（2007）一书中指出了北京中关村地区科技企业人力资源管理薪酬制度存在的主要问题：第一，科技园区内企业人员流动大，外地人口多，给科技人员的薪酬管理和社会保障管理带来了一定的困难；第二，货币性薪酬构成单一，薪酬策略与企业战略匹配条件不够；第三，中小企业薪酬决定模式随意，受企业所有者主观意识支配较大，不利于整个企业流程化管理；在薪酬发放方面，秘密薪酬模式也是当前中关村地区几乎所有科技企业薪酬发放的主要方式，即员工的薪酬数量不公开，有些企业甚至禁止员工相互透露和打听各自薪酬所得。这种做法一方面的确可以避免员工不公平感的产生，缓解科技人员的心理压力，也能够一定程度上保证科技企业的稳定发展和个人隐私，但是也存在薪酬分配过程是否公开、标准是否公正、结果是否公平等众多人力资源管理伦理问题。各项保障制度欠缺，这是普遍问题，这种现象在民营科技企业尤其突出。此外，中小型民营科技企业的医疗、住房等社会保障机制普遍不健全，间接造成人力资源管理成本加大；虽然民营科技企业已经成为经济发展的主体，但民营科技企业人员的地位不高，在个税方面，民营科技企业人员相对于国企的住房公积金及隐形收入、外资企业的高薪来说处于劣势地位。在不同的行业类型中，煤炭行业科技人员除了薪酬不满意外，其保障机制也不健全不完善，如大多数煤炭企业地处偏僻，城市功能配套性不强，其中规划设计、环境卫生、园林绿化、文化娱乐、休闲空间、环境质量不够理想，所在地方综合品位不高，缺乏对科技人才强有力的吸引力；煤炭科技人员的子女就学、就业等方面的后顾之忧不少；调查反映，近几年调出的中青年科技人员中，有近35%是因为子女就学、就业问题不好解决而调走的；绝大多数科技人员认为国有煤炭企业的科技人才政策“不太适应形势发展的需要”，煤炭企业有的政策，人家早有；人家有的政策，煤炭企业没有；引进技术带头人及其他高精尖人才，制定的优惠政策还停留在“住房、安家费”等一些“小措施”上。最后，作为间接经济薪酬——福利并未给予充分的保证。员工应得到的福利包括集体福利和个人福利，主要有以下几种：法定的社会保障待遇，如法定各种社会保险、退休待遇、假期津贴等。其中很多科技型企业内部员工的各种社会保险数量有限，只有“三险一金”或“两险一金”，而不是法定的养老保险、失业保险、工伤保险、医疗保险、生育保险和死亡保险等；此外大多数私营科技企业还没有养老退休制度，使得科技员工的退休生活待遇缺乏保障，调查中只有极少数个别科技企业开始实施了企业补充养老金制度。

最后，企业科技人员同管理人员薪酬差异现象明显，科技人员满意度降低，容易造成科技人员流失。近年来，科技人员的经济收入虽然有了大幅度的提高，但在企业内部薪酬分配上的依然存在“官本位”的倾斜现象。目前，多数企业普遍实行的岗位工资制和职务工资制，使得为管理者增添了许多“正当合理”的各种管理津贴和福利待遇，其实际收入较同等资历的科技人员高出很多，间接导致科技人才整体待遇较低，同时也给科技人才带来了负面的影响，导致许多科技人员因“学而优则仕”的观念而“弃研从政”，去追求更高的薪酬福利，这不仅影响企业的整体科技创新水平，也造成企业内部管理层次增多、管理人员冗余的现象，使得企业科技人员隐性减少，导致企业人才结构不合理，造成企业科技人才的一种隐性流失。上述情况在一定程度上体现出企业科技人员薪酬福利不公正、不合理现象，违背了基本伦理道德规范，给科技人员的管理带来了难题。

（四）科技人力资源个体职业生涯管理伦理问题

国务院发展研究中心企业研究所曾经针对我国企业人力资源管理状况，对国内2 100多家不同背景的企业进行了调查，国务院发展研究中心主办了“中国企业人力资源管理发展论坛暨调查报告成果发布会”，公布国内首个《中国人力资源发展报告》，调查发现，包括科技型企业在内，大部分企业不重视对员工职业生涯的管理，这将严重制约企业的长远发展。报告显示，现在大多数企业更注重一种静态的人力资源管理，如奖惩、考核、各种规章制度等，档案管理比较健全，但实际上缺乏真正站在员工的角度去考虑问题，有近80%的企业没有认真关心员工的职业生涯开发与管理。为了更加准确地了解我国企业科技人员的职业生涯管理情况，本研究以“D1 企业为员工制定了良好的职业发展规划；D2 企业有科学、规范的人才奖励和晋升制度；D3 企业为员工提供了不断成长和进步的机会；D4 企业的目标和员工的目标能够经常保持一致，D5 企业有良好的科技人员进行技术创新环境和制度”5个调查题项来对目前企业科技人力资源的职业生涯管理情况进行调查研究，并得出相关结论，统计见表3—14和表3—15。

表3—14　　被调查企业员工职业生涯管理描述统计分析（N＝122）

Tab. 3. 14 Descriptive statistic analysis of employees' career management of the enterprise surveyed

		D1	D2	D3	D4	D5
N	有效	122	122	122	122	122
	缺失	0	0	0	0	0
	均值	3.426 2	3.475 4	3.516 4	3.590 2	3.500 0
	中值	3.000 0	3.000 0	4.000 0	4.000 0	4.000 0
	众数	3.00	3.00	4.00	4.00	4.00
	标准差	0.748 75	0.805 08	0.695 13	0.789 96	0.774 06

续表

	D1	D2	D3	D4	D5
方差	0.561	0.648	0.483	0.624	0.599
极小值	2.00	2.00	2.00	2.00	2.00
极大值	5.00	5.00	5.00	5.00	5.00

表 3—14 显示了被调查企业科技人员职业生涯管理方面统计的均值、中值、众数、标准差、方差、极大值和极小值等基本情况。

表 3—15　科技人员职业生涯管理各题项测量统计（N＝122）

Tab. 3. 15　Statistics of each project of scientific and technical personnel' career management survey（N＝122）　（%）

调研项目	从来没有	不经常	有时	经常	总是
D1 企业为员工制定良好的职业发展规划	0	9	45.9	38.5	6.6
D2 企业有科学、规范的人才奖励和晋升制度	0	8.2	47.5	32.8	11.5
D3 企业为员工提供不断成长和进步的机会	0	5.7	42.6	45.9	5.7
D4 企业的目标和员工的目标能够经常保持一致	0	7.4	37.7	43.4	11.5
D5 企业有良好的科技人员进行技术创新环境和制度	0	9	40.2	42.6	8.2

表 3—15 显示，企业在进行科技人力资源管理过程中，“为员工制定职业生涯规划、科学规范的奖励晋升制度”的“有时”比例大于“经常”的比例，说明这 2 个方面问题比较突出，也同国务院发展研究中心的研究结论相一致；“为员工提供成长进步机会、企业和员工目标一致、提供良好的技术创新环境制度”的“经常”比例分别为 45.9%、43.4%和 42.6%，说明这三个方面职业生涯管理工作需要

改进的空间也较大，需要加以关注。

通过调研发现，企业科技员工职业生涯发展规划、员工申述制度、员工合理化建议制度是现代企业人力资源管理制度中建立及实施都最不完备的三项，建立并按照制度执行员工职业生涯规划的企业仅占全部企业的9%，这样就使企业只关心员工在企业中的表现和成果，或者说关注其工作绩效或任务的完成，而不注重员工的目标及长远发展，没有将企业目标与员工目标有机结合起来，忽视了员工的职业生涯规划与管理，容易直接导致员工满意度和忠诚度降低，影响企业的稳定与健康发展。中国科学技术协会调研宣传部2008年的《中国科技工作者状况调查》显示，我国大型企业中的科技工作者选择"如有机会仍想从事目前职业"的比例仅为24.2%，中小企业为25.3%，明显低于高校（42.9%）和科研院所（33.0%）；相应地，工程技术人员仍愿意从事目前工作的比例（28%）比科学研究人员（36%）低8个百分点。

在调查区域上，本研究以浙江、广州为例进行了资料调研。浙江民营企业中43.37%的年轻科技人员认为晋升机会是选择工作的主要因素，34.65%的科技人员认为职位晋升可以更好地提高积极性和创造性。然而，浙江多数企业的科技人才管理制度未能给科技人员的个人发展提供足够的空间和余地，企业在选拔人才方面一定程度上还存在"论资排辈"现象，学历高、知识全面的新人常因经验不足而得不到及时重用，不能做到人尽其才、才尽其用，没有给科技人员提供足够的用武之地和广阔的发展空间，无法调动科技人员的积极性和创造性，使得科技人员在工作上有失落感，最终导致科技人员跳槽较多。对宁波的调查发现，宁波科技工作者队伍总体稳定，但潜在职业忠诚危机不容忽视，有44.1%的科技工作者对自己的工作表示"很满意"或"比较满意"，低于全国平均水平（48.1%）；但如果有机会选择的话，仍想从事目前职业的科技工作者只占33.3%，想成为官员/公务员或企业家的占29.2%，想更换职业和工作的原因主要包括收入待遇太差（40.0%）、没有发展前途（41.4%）和缺乏成就感

(33.5%)。对广州的调研发现，大多数青年科技人员正处于职业生涯的确立阶段，这个阶段离职率是最高的，达30%~40%，在调查中当问到离职想法的主要原因时，43.7%的人员回答是因为发展机会较少。因此，给青年科技人才发展的机会，让他们有所期待，是留住他们并使他们充分发挥潜能的有效举措。

在行业上以煤炭业为例，中国矿业大学《国有煤炭企业科技人才状况及相关问题研究》课题组（2007）采取问卷调查、查询资料、召开座谈会、个别走访等方式，调查了陕西、山西、山东、河南、河北、安徽、江苏等7个省12个矿区企业，对国有煤炭企业科技人才状况及相关问题进行调查研究，结果显示，科技人才晋升与培训机制不健全，缺乏员工职业生涯管理与规划，影响了科技人才作用和积极性的发挥。尤其是一些企业存在严重的论资排辈现象，未建立公开、公平、公正、平等的人才选拔和任用机制；调查还显示，近5年来，有90%的企业科技人员未参加过脱产或半脱产学习或研修；有75%的未接受过继续教育；有85%的未参加过学术交流活动；了解单位制定了继续教育计划的科技人员仅占18%，这使科技人员知识老化、素质下降、继续教育未跟上企业发展的需要已成为制约科技人员发挥作用和工作积极性的一个重要因素。此外，在制药行业，针对某制药公司中的科技人员的调查显示，导致员工流出企业的主要原因除了“工作心情因素”以外，其中，由于看不到“职业发展”而跳槽的员工成为第二大因素，远高于由于其他因素而导致跳槽的比例，而像人们认为应该为日常普遍关注的工资和福利等因素都排在“职业发展因素”之后。上述现象严重影响了科技人员的成长与发展，忽视了科技人员的价值和利益，违背了以人为本的基本伦理原则和宗旨。

科技员工职业生涯管理伦理问题造成了一些负面影响：

首先，对科技员工的身心健康造成一定的负面影响。部分企业虽然进行科技人员职业生涯规划与管理，但是仍然存在科技人员职业倦怠及职业发展通道不畅的现象。目前调查的部分企业科技工作者职业倦怠现象明显，比如对于“您做事情的精力不足吗”“您感到空虚吗”

提问，答案为“有时有”或者“经常有”达到25%。这种对职业倦怠的情况很容易导致科技工作者身心出现问题，企业应该多与员工进行沟通，积极关注他们在企业中的日常心理与行为表现，否则将会对员工的身心健康产生不利影响，进而影响团队人际关系，影响工作任务的实现及个人的发展等。此外，调查显示，采用管理序列和技术序列双通道发展的模式在实践中也不断出现新的问题。如通过对央企科技人员职业生涯发展管理的调查发现下列问题：一方面，科技人员的技术发展通道运行不够畅通，经常出现部分企业的科技人才提职出现公平性问题；另一方面，虽然央企普遍采用了管理序列和技术序列分设的双通道设计模式，但是当科技人才的“官本位”思想严重，待其发展到一定阶段后便转到管理岗的趋势仍未改变。其次，职业生涯管理伦理问题对员工的职业忠诚度带来一定的负面影响。科技工作者对工作稳定性、单位人际关系、社会保障、工作自主性的满意度较高，对住房分配制度、工作收入、个人发展空间、社会声望、自我成就感等满意度相对较低。调查也发现，由于收入和工作压力等问题，有近半数的科技工作者表示如有机会更愿意从事企业管理、公务员等其他职业，青年科技工作者的职业忠诚度下降问题尤其值得重视。特别是对中小型民营科技企业，相对比较重视短期效益，缺乏优秀科技人才的内部成长机制，人力资本投资强度低，科技人才的职业发展和培训体系不健全，直接导致员工归属感不强、流动性偏高。

（五）科技人力资源个体身心健康得不到保障问题

市场经济条件下，很多企业将主要目标和精力集中于经济利润的谋取方面，一定程度上忽视了科技人员的身心健康问题，甚至把科技人员当成谋取利润的手段和工具，有悖伦理管理初衷。通过调查发现，目前我国企业科技人员身心健康得不到保障的现象十分突出，本文以“E1 企业能够对员工定期进行体检；E2 企业有舒适、安全的工作物理环境；E3 企业关注员工的心理健康问题，并开展心理咨询或引导工作；E4 企业能及时了解员工的工作压力及任务是否过重情况；E5 企业能够定期地向员工发放劳动保护用品”为题项进行调研，得出下列相关数据，见表 2—18 和表 2—19。

表 3—16　被调查企业科技员工身心健康管理描述统计分析（N＝122）

Tab. 3. 16　Descrpitive statistic analysis of scientific and technical personnel' physical and mental health management of the enterprise surveyed

		E1	E2	E3	E4	E5
N	有效	122	122	122	122	122
	缺失	0	0	0	0	0
	均值	3.672 1	3.590 2	3.557 4	3.491 8	3.672 1
	中值	4.000 0	4.000 0	4.000 0	3.000 0	4.000 0
	众数	3.00	4.00	3.00	3.00	3.00
	标准差	0.876 15	0.840 64	0.750 20	0.795 09	0.931 03
	方差	0.768	0.707	0.563	0.632	0.867
	极小值	2.00	2.00	2.00	2.00	2.00
	极大值	5.00	5.00	5.00	5.00	5.00

表 3—16 显示了被调查企业科技人员身心健康管理方面统计的均值、中值、众数、标准差、方差、极大值和极小值等基本情况。

表 3—17　科技人员身心健康管理各题项测量统计（N＝122）

Tab. 3. 17　Statistics of each project of scientific and technical personnel' physical and mental health management survey（N＝122）

（%）

调研项目	从来没有	不经常	有时	经常	总是
E1 企业能够对员工定期进行体检	0	5.7	42.6	30.3	21.3
E2 企业有舒适、安全的工作物理环境	0	9	36.9	40.2	13.9
E3 企业关注员工的心理健康问题，能开展心理咨询或引导工作	0	5.7	42.6	41.8	9.8

续表

调研项目	从来没有	不经常	有时	经常	总是
E4 企业能及时了解员工的工作压力及任务是否过重情况	0	9	42.6	38.5	9.8
E5 企业能够定期向员工发放劳动保护用品	0	9.8	35.2	32.8	22.1

表 3—17 显示，企业在进行科技人力资源健康管理过程中，“科技人员定期体检、关注心理健康、及时了解工作压力、定期发放劳保用品”中“有时”的比例大于“经常”的比例，这 4 个方面问题较为普遍，也比较突出；“安全舒适的工作环境”的“经常”比例较高。说明企业科技员工工作环境普遍得到了改善，但能够做到“总是”的比例也只有 13.9%，改进空间较大。总体来看，该方面的问题具体如下：

一是科技员工因工作强度而产生的身体健康方面的问题。中国科协在第二次科技工作者状况调查报告中提到，我国科技工作者队伍数量增长快，但是大多数科技人力资源工作时间长、强度高、压力大的问题亟待解决，身体健康状况不甚理想。根据统计的结果发现，一般的科技工作者（包括企业科技工作者在内）平均每周工作 47.3 小时，远高于国家法定每周工作 40 小时，比 2003 年调查多出 2 小时；博士学历科技工作者平均每周工作 56.7 小时，比 2003 年美国类似人群多近 8 小时；8.1%的科技工作者每周工作 70 小时以上，处于超强度工作状态，56%的科技工作者觉得最近压力“非常大”或“比较大”，由此可见科技人力资源的身体健康状况令人担忧，生活方式亟待改进。调查发现，工作时间长、强度高、压力大是科技工作者在工作中遇到的最突出问题之一，科技工作者每周平均工作 5.5 天，工作时间内每天平均工作 8.6 小时，总体测算每周工作时间比 2003 年多了 2 小时。调查显示，目前有近 4 成科技人员患有某种类型的常见疾病，如患颈椎和椎间盘疾病的比例最高（21.6%）；其次是消化道疾病

(9.7%)、高血压(7.6%)、关节炎(7.2%);36.8%的科技工作者存在长期身体疲劳或腰背酸痛等亚健康症状;六成以上科技工作者2007年没有连续休过5天以上带薪假;近三成的科技工作者从不参加体育锻炼;64.7%的科技工作者2007年参加过单位组织的体检,但存在地区差异,基层科技工作者比例较低。在上海非公企业中,8.92%的人患有脂肪肝、消化道、心脑血管、睡眠障碍、肿瘤、高血压、颈椎病等多种疾病,其中民营企业科技工作者的患疾病比例为9.08%,略高于外资企业的科技工作者患疾病比例8.05%。由于企业竞争加剧,科学技术及信息技术快速更新,目前大多数企业科技工作者的身体健康状况比上述所提到的统计情况更糟糕。

二是科技员工因工作压力大而产生的心理健康问题。徐世勇、许向阳(2004)对非公有制企业科技工作者的工作压力状况进行的实证调查研究显示,在调查的样本中,47%的个体认为自己的工作压力比较大,12%的个体认为自己的工作压力非常大,二者合起来占被调查对象总数的69%;从年龄上看,在45岁之前,工作压力的水平随年龄的增大而提高,在此之后,工作压力水平逐渐降低;从性别上看,男性工作压力明显高于女性。对新疆的调查显示,新疆企业科技工作者工作压力较大:新疆大型国有企业科技工作者每周工作40小时左右的占调查比例的21.51%,40～50小时占调查比例的53.78%,50～60小时占调查比例的14.74%,60～70小时所占比例为7.57%;科技人员感到目前工作压力非常大的占14.05%,感到工作压力比较大的占56.20%,感到压力一般的占27.69%,感到压力比较小和非常小的只占2.07%,统计情况见表3—18。

统计发现,新疆大型国企的青年科技工作者周工作时数在40小时以上的占调查总数的78.49%,与此相伴的是自治区大型国企的青年科技工作者感受到压力大的比例约占70.25%(其中,14.05%认为压力非常大,56.20%认为压力比较大);由此可见,新疆科技工作者心理健康状态明显不佳,科技工作者经常有焦虑或压抑感觉且难以消除的占32.55%,偶尔有焦虑或压抑感觉休息后可消除的占58.82%,

表 3—18　新疆企业科技工作者每周工作时间与工作压力调查结果

Tab. 3. 18　The results of science and technology workers' working hours and pressure weekly in Xinjiang enterprises survey

工作时间（小时）	40 左右	40～50	50～60	60～70
所占比例（%）	21.51	53.78	14.74	7.57
工作压力程度	压力非常大	压力比较大	压力一般	压力比较小和非常小
比例（%）	14.05	56.20	27.69	2.07

没有压抑或焦虑感觉的占 8.63%；在引起工作者焦虑或压抑的原因中，有 61.50%的人员认为是工作压力或不顺心所致。对上海民营企业科技人员的调研发现，部分民营企业的科技工作者为了完成企业较高的工作技能和任务要求，科技员工脑力消耗较大，经常加班，进而导致工作压力较大；大多数被调查科技人员的心理处于亚健康状态，44.33%的科技工作者认为工作压力是影响心理健康的主要因素，32.25%的科技工作者认为发展空间是影响心理健康的主要因素。对宁波企业科技人员的调研显示，宁波科技人员的工作压力较大，每周工作超过 5 天以上的比例高达 68.6%，被调查的科技工作者普遍认为心理压力较大，其中认为心理压力“非常大”或者“比较大”的占 60.7%，高于全国平均水平（56.0%）。

三是在企业科技人员身心健康关心与重视方面，大多数企业对科技人员的心理辅导和预防工作普遍重视不够，关注员工身心健康的工作开展力度不够。如在调查的央企中，只有 20 家企业开展该项工作，占调查央企总数的 13%；民营企业在这方面做得就更加不到位。长期超负荷工作，企业科技员工往往承受了巨大的工作压力，在精神和身体上受到了严重损害，甚至一些高科技企业的科技员工因过度劳累而导致死亡，酿成悲剧。2006 年，年仅 25 岁的华为公司员工胡新宇于5月28日在广州中山医科大学第三附属医院不治身亡，很大程度上就是因工作任务紧迫持续加班近1个月，导致过度劳累，全身多个器官衰竭而死。因此，企业应当多关注员工在工作、家庭生活、个人发展过程中遇到的各种难题，通过企业科技协会、党组织、工会等各方的努力，逐步完善现有薪酬福利制度，加强科技人员工作技能培训和学习力度，提高培训和再教育的针对性和实效性，降低工作难度和工作压力，构建良好的员工健身场所，以协助其解决难题，走出困境。

第三节 企业科技人力资源管理伦理问题的原因分析

在人力资源管理伦理问题产生的原因方面，国外学者进行了积极研究，如Baucus和Near（1991）、Baucus（1997）从社会规范的角度指出发生不伦理行为的三个基本原因：一是不伦理行为的界定模糊，如在招聘、录用选拔方面，薪酬管理方面，培训及员工发展方面存在价值观念无法确定或认识模糊的问题；二是组织内外环境为作恶者提供了做坏事的机会；三是压力因素，无论是现实存在的还是人们的意识错觉，迫使作恶者去做坏事。除此之外，学者也指出个人或社会的心理因素变量（Lavite、Stroller，1993；Rest，1979）也是伦理管理出现问题的原因。

本研究以上述研究成果为基础，结合企业科技人力资源管理的实际情况，认为造成我国企业科技人力资源管理伦理问题的原因有以下几个：

一、科技人力资源管理目的和理念认识错误

从目前国内相关的统计资料调查和研究上看，科技人力资源管理的目的与普通人力资源管理的目的基本上没有什么特殊的区别。科技人力资源管理的目也主要体现在利用一些科学、先进的人力资源管理理论和管理实践经验来提高科技人力资源管理的效率，如从人力资源

管理的各个职能及环节入手，最大限度地开发和利用科技人力资源的潜能，提高科技人力资源的工作绩效，多出成果，出好成果，进而实现组织目标。可以说，这样做本来无可厚非，这是一个企业或科研院校等社会组织最基本的需求，但是当我们考虑到科技人力资源的内涵和特点时，考虑到当今社会出现的科技工作者身心受损、科研学术不端、环境污染恶劣、资源破坏严重，甚至出现生态危机和克隆危机时，我们就会发现科技人力资源管理不仅要讲究管理上的效率，更要重视价值上的公平与正义，而不是忽视或推脱社会责任，拒绝履行社会义务。具体来讲，目前许多组织在科技人力资源管理过程中，不重视对员工的人生观、价值观的培育，将对员工人生价值、道德品质的教育抛到了一边，认为这不是其应尽义务，取而代之的是只讲物质激励，不重视精神文明建设，这样最终导致的后果是科技人员的人生观和价值观认识出现迷茫和判断失误，甚至为了物质待遇、提升晋级而做出违反科技伦理原则和规范的行为。因此，在市场经济条件下，只讲人力资源管理效率、注重经济利益而忽视或推脱社会责任是当前科技人力资源管理目的认识出现失误一个重要且十分明显的因素。

二、科技人力资源管理的伦理价值认识缺失

管理与伦理相结合，是现代管理发展的趋势。正如唐凯麟指出的一样，管理具有伦理性，伦理具有管理功能；管理是外在的伦理，伦理是内在的管理。从中可以看出，管理与伦理不仅在内容上相互融合与渗透，而且管理与伦理功能上相互补充和体现。因此，著名学者成中英说："伦理是内在的，管理是外在的，我们今天要强调：既要建立一个好的伦理，同时又要建立一个好的管理"。的确，在科技人力资源管理过程中，积极开展伦理化管理或加强管理的伦理建设会提高管理效率，带来好的管理效果。然而，在现实经济活动过程中，很多企业人力资源管理者认为在对科技人力资源管理过程中，积极制定并遵守一些基本的伦理原则或规范就是伦理管理，就会使人力资源管理伦理化，就会使管理富有成效。这种把伦理当成提高管理效率的工具或手段并将其强加给管理的想法是极其危险和错误的，这不但可能不会提高科技人力资源管理的效率，还会使管理者最后认为管理和伦理是不相容的，认为学理上的研究用途不大甚至是徒劳的。这种错误认识实际上割裂了管理与伦理二者间的内在联系，片面地将管理与伦理分离成两个独立的事物，否定了二者之间的辩证统一关系。这种现象在企业科技人力资源管理过程中是非常普遍的，也严重影响管理效果，间接影响科技人力资源潜能的开发和利用，阻碍了组织目标的实现。

三、科技人力资源个体价值认识不明确

科技人力资源是企业的宝贵财富，同时也是企业发展的目标之一。或者说，科技人力资源不仅是一个企业实现目标的手段，也是一个企业的发展目的。对科技人力资源管理要坚持人道主义原则，要以人为中心，将人视为最高价值，尊重人的权利，关爱人的内心。然而，在现实经济生活中，许多科技人员的主体地位难以得到真正的体现。一是在相当多的高科技企业中，尤其是合资企业和外资独资企业，员工被彻底当做赚钱的工具和手段，得不到作为主体的人应该得到的尊重和认可；二是科技人员的合法权益不断受到侵害，如福利待遇不公正、工作条件较差以及电子邮件经常被监控、其他隐私被侵犯等；三是科技人员的工作压力巨大，精神需要无法满足，劳动单调紧张且无创造性，工作缺乏成就感，甚至出现自杀事件；四是科技员工在参与组织管理事务方面得不到应有的保证，员工参与管理成为一句空话或民主管理的形式而已。以上这些问题的根源一方面因为经济转轨、社会转型以及价值观念多元化的社会原因导致，另一方面是组织在科技人力资源管理过程中对科技人力资源价值的认识问题，这是致使上述现象频繁出现的主要原因。龚荒等（2002）对国有煤炭企业进行了调查，调查显示，煤炭企业没有完全树立人本管理思想，也没有形成科技人才成长的良好环境；多数煤炭企业没有把科技人才当做经济发展的第一资源，“科技是第一生产力”喊得多，具体落实少；一些单位和部门舍不得在人力资源上投资，在科技人才招聘、选拔、培养各环节，总喜欢采取“管”“卡”的办法，很多事情都讲级别、资

历、年龄，论资排辈相当严重；国有煤炭企业中“官本位”思想根深蒂固，一些单位“重官不重才”，当高工不如当处长，一些单位“爱才就奖官”，把重视科技人才与给科技人才戴“官帽”画等号，有些科技人才一旦当官，业务本行就“抛荒”了。由此可见，对科技人力资源个体价值认识不明确也是造成诸多管理伦理问题的一个主要原因。

四、科技人力资源管理者伦理素质低下

科技人力资源管理者应该具备一定的伦理道德素质，这样才能够更好地扮演自己的管理角色，才能更充分地履行职责。国内外学者结合企业经营的实际状况，在这方面开展了大量的相关研究。调查发现，很多企业尤其是一些民营中小企业，其科技人力资源管理者伦理道德素质低下，缺乏对科技员工真正的人文关怀，缺少对人的仁爱、诚信、公正等人文道德素质，甚至认为过于关注伦理管理的话，会增加企业科技人力资源管理成本，降低管理效率，根本没有认识到伦理管理的重要性。管理咨询专家巴金汉和艾略特曾经提出过人力资源管理者的优异能模式，其中第二项就是强调人力资源管理者要具备较强的价值观念和道德水平，并将其作为一个重要考察指标，其主要体现为人性、良知、责任与道德等。然而，通过目前对数十家科技企业人力资源管理者的调查发现，科技企业内部的科技人力资源管理者素质低下现象极其明显，在采访中发现，大多数科技企业中的科技人力资源管理者伦理道德素质低下，与韩国合资的某著名国际电子企业的人力资源总监竟然赤裸裸地脱口而出：“人力资源管理就是让员工多干活，少发钱。”如果这成为企业科技人力资源管理的唯一目标或价值理念的话，那么这样的企业员工有多少能够享受到尊重、理解、爱护、关心的以人为本的伦理管理理念呢？这样的企业又怎么能使员工的目标与企业的目标一致呢？又怎样能够承担最基本的社会责任呢？此外，科技人力资源管理者的相关法律素质低下，更多的小型科技企业管理者更是不学法、不懂法、不遵守法律法规，对相关的法律规范知之甚少，换句话说，连社会要求的、最基本的道德底线也尚不清楚，造成了违背劳动法律法规的现象十分普遍，部分管理者对因违法造成严重后果还不以为然，认为只是企业自己科技人员管理方式的事情。目前像这样的科技人力资源管理者并不少见，应引起广泛的重视，努力提高科技人力资源管理者的道德素质及其他综合素质。

第四章

企业科技人力资源管理伦理对绩效影响的理论分析和实证研究

第一节　科技人力资源管理伦理对企业绩效影响的理论分析

一、管理伦理对科技人力资源管理绩效的影响

企业在进行科技人力资源管理的过程中，能够始终做到以公正、公平、公开、透明以及兼顾效率与公平等伦理原则为依据，遵循和谐管理、民主管理、责任管理、创新管理等伦理规范，那么企业的各个阶段的科技人力资源管理就会达到良好的效果，如图 4—1 所示，如果企业能够依据伦理原则和规范做到招聘录用公平、培训教育尽责、绩效考核公正、薪酬管理科学、开展员工职业生涯规划、关注员工身心健康，就会使中介变量如科技员工满意度提高，团队凝聚力增强，更加团结合作，组织承诺更高（Becker，1960；Arthur，1994），员工综合素质也会全面提升，进而提高科技人力资源管理绩效：企业科技员工流失率、缺勤率、旷工率降低，人力资源管理成本降低，提高科技员工的积极性、主动性，科技员工潜力得以充分发挥，工作胜任力提升，使得产品数量增加、质量改善，员工责任意识加强。在这方面，国内外学者对企业人力资源伦理管理进行了相关实证研究，确认伦理化管理能够使人力资源管理绩效提高。如 Arthur 于 1994 年对

30家金属加工厂进行调查研究，结果发现致力于提升员工组织承诺的管理系统比控制员工行为的人力资源管理系统会有更低的劳动工时与废品率；罗格斯大学Huselid教授（1995，1997）通过大量的实证研究表明伦理化的人力资源管理实践能够增加员工的额外努力，因为公司伦理化的人力资源管理工作会在员工的培训、提升、报酬公平和未来职业发展等方面制定相互协调的政策，从而满足员工的需求；María de la和Cruz Déniz—Déniz等提出了一个公司面向员工的社会反应系统整合模型，并通过实证调查研究表明，公司通过采用高承诺的人力资源管理实践来建立公司面向员工的反应系统，增强员工的能力和动力、减少离职等，可以使公司人力资本增值，进而大大地提高公司的利润；Prottas（2001）研究发现员工感知管理者诚信行为与员工工作满意感呈正相关，而与工作压力感、衰弱的健康状况和旷工呈负相关关系，并且男性与女性员工在此方面没有显著性差异。

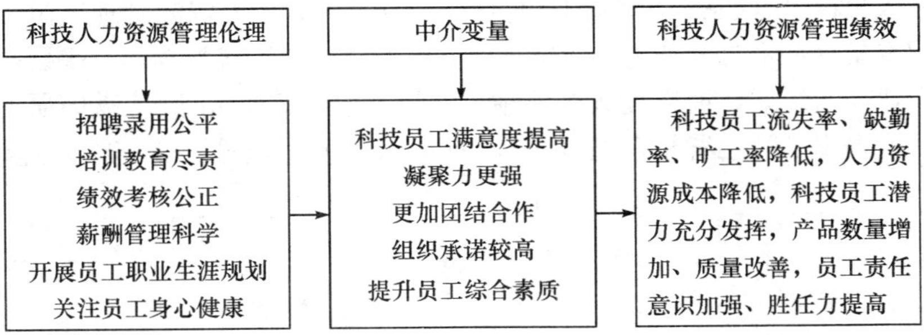

图4—1　科技人力资源管理伦理与科技人力资源管理绩效关系图

Fig. 4. 1　The figure of relations between HRST Management Ethics and HRST Management performance

二、科技人力资源管理对企业绩效的影响

（一）国外的相关研究结论

人力资源管理与企业绩效之间的关系一直是国内外专家学者研究的热点内容，学者们对人力资源管理与企业绩效之间的“黑箱”的理

论和实证方面进行了大量的研究和探讨。如 Arthur（1994）年通过对美国小型钢铁企业人力资源控制模式的研究指出，人力资源管理制度和活动的不同组合能有效预测业绩和离职率，高承诺系统有较高的生产率、较低的废品率和产量；Huselid（1995）通过实证研究，指出人力资源管理能力与总体人力资源管理效率之间存在正向关系，人力资源管理效率对企业绩效也有着正向影响；Huselid（1997）又对主要行业 700 家公众控股企业的调查显示人力资源管理实践对产量、人均销售额、公司绩效有显著影响；Bainard 等（2000）对新加坡 105 家企业人力资源管理活动进行调查，结论是员工配备、员工稳定性、员工发展与组织高绩效工作系统显著相关；Wright（2002）通过对食品企业的人力资源管理研究，表明人力资源管理能够影响员工对组织的承诺，而组织承诺和企业绩效之间存在正相关；Paul 和 Anantharaman 从横向的研究角度提出了人力资源管理绩效和组织绩效因果模型（Causal Model，见图 4—2），认为人力资源管理通过中间变量（如员工胜任力、团队工作、组织承诺及顾客导向等）来影响企业经营绩效，最终提升企业绩效；Ferris 和 Arthur 则从纵向研究角度提出了社会背景模型（social context model，见图 4—3），认为

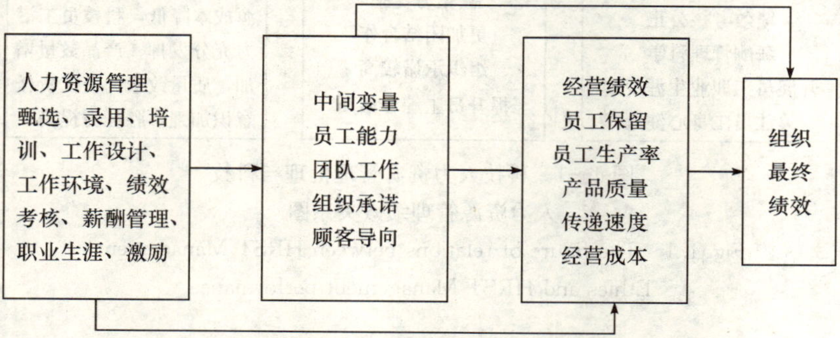

图 4—2　人力资源管理与企业经营绩效因果模型

Fig. 4. 2　The causal model of relations between HRM and enterprise performance

人力资源管理受到组织文化、组织声望和管理弹性制度影响，良好的人力资源管理最终形成好的组织氛围，雇员满意度提高，进而表现出积极、主动、进取的工作行为，最终提高企业绩效。总的来说，上述实证研究已能基本证实人力资源管理对组织绩效变量有正向影响，即国外学者的研究结论大多数都明确了有效的人力资源管理与企业绩效之间确实存在正向相关关系。

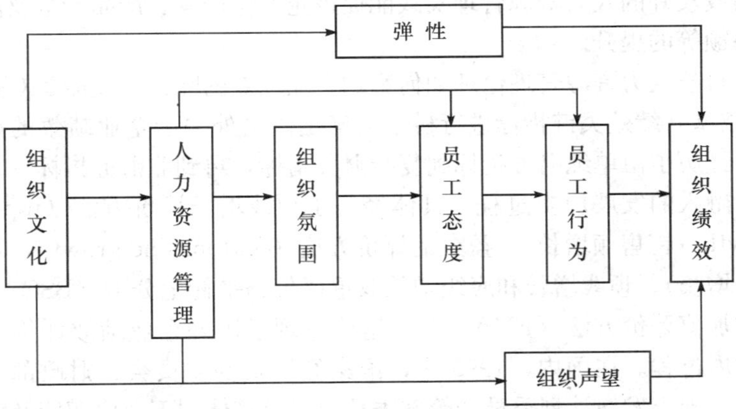

图 4—3　人力资源管理与组织绩效社会背景模型

Fig. 4. 3　The social background model between HRM and organizational performance

（二）国内的相关研究结论

目前，国内众多学者也对普通人力资源管理、科技人力资源管理与企业绩效的关系进行了研究，并得出了相近的结论。范秀成（2002）调查了 62 家国内的西方跨国制造企业，认为企业采用高绩效人力资源管理体系的程度和企业绩效呈正向关系；季丽（2003）分析了来自国内软件和电子两个行业跨国企业的数据，研究结果表明企业环境、企业战略和企业人力资源管理实践的相互作用对组织绩效存在贡献；刘善仕和周巧笑（2005）的研究表明了人力资源管理实践与企业利润率之间存在显著相关性，并且与组织绩效之间成正相关；赵曙明（2006）和张弘（2008）等调查了沪深两市56家生产制造企业的人力资源管理实践和企业绩效的数据，通过分析表明，员工的职业生涯发展规划、员工激励管理设计、员工民主参与小组活动等人力资源管理实践与企业绩效之间存在积极性关联；徐国华和杨东涛对上海、江苏和广东的122家制造企业进行调查研究，研究表明良好的人力资源实践与企业绩效有普遍的联系。可见，国内学者的研究普遍认为良性的或较好的人力资源管理实践能促进企业生产率、产品产量及商品销售额等的提升。

科技人力资源管理伦理如何影响企业绩效的呢？首先需要对企业（科技型）绩效关键指标进行科学的确定。国外关于企业绩效的评价指标经历了由单纯财务指标到复杂财务指标，再到非财务指标、市场指标融入的发展历史过程，具体经历了顶线增长评价方法（top-line growth，销售额增长）、盈余的评价方法（bottom-line growth，每股净利增长）、顶线增长和底线增长双重评价、平衡记分卡（BSC）、经济增加值评价方法（EVA）等，这些体现了国外企业绩效评价方法的发展过程。在国内，1999年，国家经济贸易委员会、财政部、人事部、国家发展计划委员会等部委从市场经济体制下政府职能及国有企业监管需要的角度出发，联合发布了《国有资本金效绩效评价规则》，制定了一套国有资本金绩效评价的指标体系，即我国现行的企业绩效评价体系。该评价体系主体是政府，评价指标分为定量指标和定性指标两部分，各占80%和20%，由基本指标、修正指标和评议指标三个层次构成，评价内容主要划分为财务效益状况、资产营运状况、偿债能力状况和发展能力状况四个部分。2002年，国家对相关规则作了一些修订，将盈利质量等因素考虑在内，确定每年建立行业标准值，以使绩效评价更加公正。除了国家关于企业绩效评价指标的关注外，学者们也对科技企业绩效评价指标进行了大量研究，从多维角度进行了众多思考，如有的偏重企业全面绩效，有的注重企业经营方面绩效；有的呼吁主要从财务指标进行评价，有的主张关注非财务指标评价；有的主张内部指标评价，有的主张外部指标评价等。参考目前我国现行的企业经营业绩评价指标体系，结合调查科技型企业的实际特点，本研究拟建立一个在共性标准模型指引下，由基本评价指标、内部评价指标和外部评价指标相结合的科技型企业评价指标体系。企业（科技型）绩效评价指标体系如图 4—4 所示，包括基本指标（盈利指标、发展指标）、内部指标（人力指标、物力指标、技术指标、信息指标、市场指标、创新指标）和外部指标（责任指标、形象指标、关系指标）三个部分。

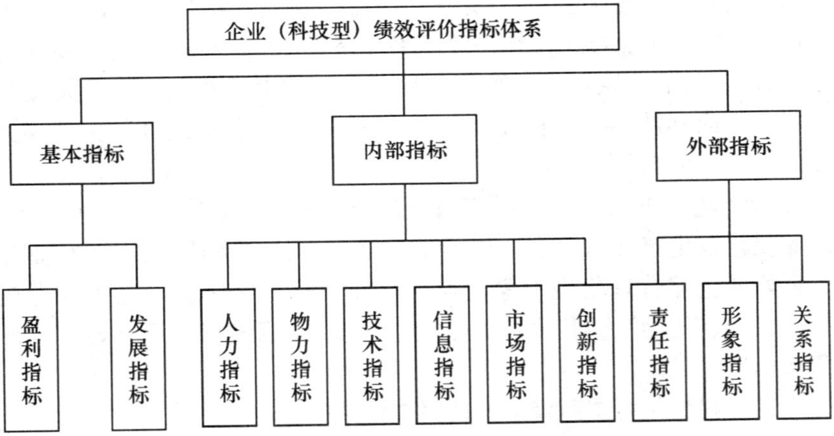

图 4—4 企业（科技型）绩效评价指标体系

Fig. 4. 4 Key evaluation index system of enterprises (technology enterprises) performance

科技人力资源管理与企业绩效关系的探讨和验证。企业科技员工流失率、缺勤率、旷工率降低，人力资源成本降低、科技员工潜力充分发挥、产品数量增加、质量改善，员工责任意识加强会对科技企业绩效评价指标的三个部分及基本指标、内部指标和外部指标都会产生重要影响。首先，员工满意度高，工作会更加努力，尽职尽责，生产任务快速高效完成，使得产品数量增加，质量改善，获取更多的经济利润，满足企业财务利润指标（盈利指标）的考评要求，使得企业能够健康持续发展（发展指标）。其次，企业进行科技人力资源的伦理化管理，做到以人为本，尊重信任员工，科技人员责任意识强烈，胜任力提升（Paul 和 Anantharaman，2003），员工成熟度高，使得人力资源管理投入成本减少，人力资本提升，管理效率提高（人力指标，Youndt 和 Lepak，1996）；科技人员素质提升，工作积极性、主动性提高，科技人员创新意识明显（创新指标），技术发明及应用水平提高（技术指标，Huselid，1995；Hyeon，2003）同时占有一定的市场份额，竞争力提升，改进市场指标状况（市场指标，Schneider，2003）；企业员工团结一致，平等交流，信息内外沟通顺畅（信息指标）。最后，企业员工管理和社会管理的责任意识加强，关注员工身心健康和社会相关利益，企业内部管理者与员工之间、员工与员工之间，企业与外部（社会、顾客、竞争对手等利益相关者）之间关系和谐良好（关系指标）；伦理管理使得企业最终对员工健康成长、产品质量及生态环境负责，勇于承担社会责任（责任指标）；企业注重良好的企业管理伦理形象建设，内外一致，树立良好道德管理典型，引导、带动社会其他组织开展伦理管理，促进社会和谐建设（形象指标）。

三、科技人力资源管理伦理对企业绩效的影响

Hillman 和 Keim 的研究证明了企业在伦理原则和规范指导下的管理能够导致公司财务指标的增长；Huselid（1995）的实证研究表明了企业伦理化的人力资源管理倾向于对员工的培训、晋升、薪酬公平和职涯发展等方面制定协调的政策，满足了员工的需求，从而能够增加员工的额外努力。Sternberg（2000）认为伦理地管理企业员工是使企业所有者利益最大化的必要组成部分，并不是一个额外的、可有可无的事情。Paul 和 Anantharaman 因果模型以及 Ferris 和 Arthur 的社会背景模型等都在一定程度上反映了人力资源管理绩效和组织绩效之间相互影响关系，论证了良好的或高绩效的人力资源管理实践对组织绩效的正面影响，即二者之间存在正向的影响关系。调研发现，上述模型是研究人员从国外的企业研究角度出发，对国外的具

体相关管理进行的研究，反映了资本主义国家某个时期某种环境的一种特殊现象，这与我国现阶段的市场经济条件与环境不同，也与中国人力资源管理的特色不同。因此，结合我国现阶段社会和企业的实际情况，结合对科技企业管理者及科技员工调查结果，本研究假定在其他内外因素不变的情况下（因为影响企业绩效的因素是多方面的，本研究暂不对其他因素的影响进行分析，只分析科技人力资源管理绩效提升对企业绩效影响的关系），建立了科技人力资源管理伦理和企业绩效之间作用关系模型，如图4—5所示。

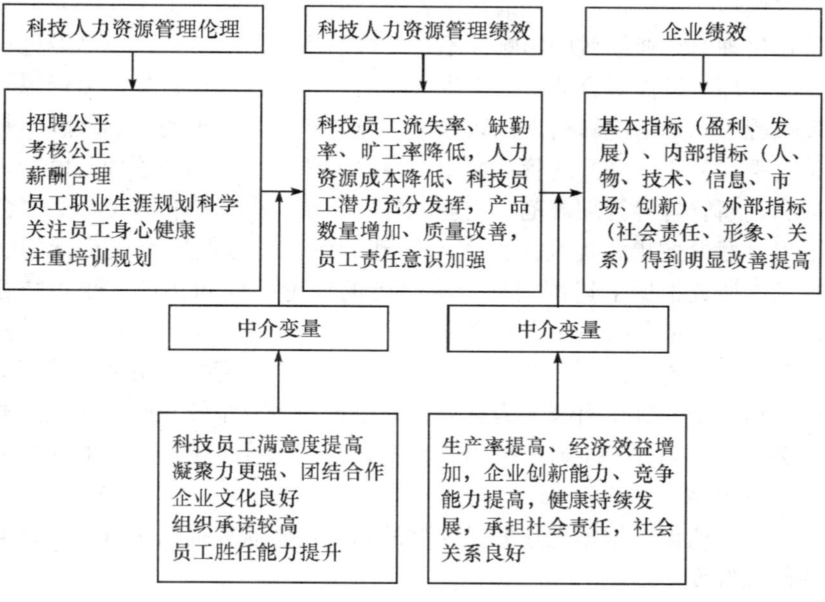

图4—5　科技人力资源管理伦理和企业绩效之间作用关系模型

Fig. 4. 5　The effective relation model between HRST management ethics and organizational performance

图4—5显示，科技人力资源伦理管理通过中介变量对科技人力资源管理绩效产生了积极的正面影响，科技人力资源管理绩效通过中

介变量对企业绩效产生了积极影响，整个模型从逻辑结构上论证了企业科技人力资源伦理管理对企业绩效的正面影响。

第二节　科技人力资源管理伦理对企业绩效影响的实证研究

一、研究模型与研究假设

实证研究模型，如同人力资源管理与企业绩效之间关系的研究存在“黑箱”一样，国内外诸多学者的研究结果也暗示出企业人力资源管理伦理对企业绩效的影响并不是直接发生作用的过程，而是经过一些中介环节进而对企业绩效产生影响的。企业在进行科技人力资源管理过程中，如果能够树立以人为本、兼顾效率与公平的管理理念，坚持公平、公正、公开的管理原则，遵循责任管理、和谐管理、民主管理和创新管理等管理规范，企业的各项科技人力资源管理工作必将会取得良好的效果，提高人力资源管理绩效，进而促进企业目标的实现。本研究根据上述国内外专家学者的理论研究和实证结果，结合 Paul 和 Anantharaman 的因果模型、Ferris 和 Arthur 的社会背景模型等基础理论，通过对众多科技企业的人力资源管理人员和科技人员的实地访谈，确认科技人力资源管理伦理与企业绩效之间存在正向的相关关系。因此，本研究提出了科技人力资源管理伦理与企业绩效关系假设模型，如图 4—6 所示。

研究假设。根据上述假设模型的结构，本研究提出了以下几方面的研究假设。

假设 1　国内外的相关研究显示，管理伦理的结构是由不同部分构成的，如公平公正、以人为本、责任管理、民主参与、权利、机密性等构成，因此，本研究提出假设：企业科技人力资源管理伦理是由不同维度构成的。

假设 2　人力资源管理绩效也是由不同评价指标构成，如人力资源招聘和培训成本、绩效薪酬管理、员工绩效产出、员工流失率、旷

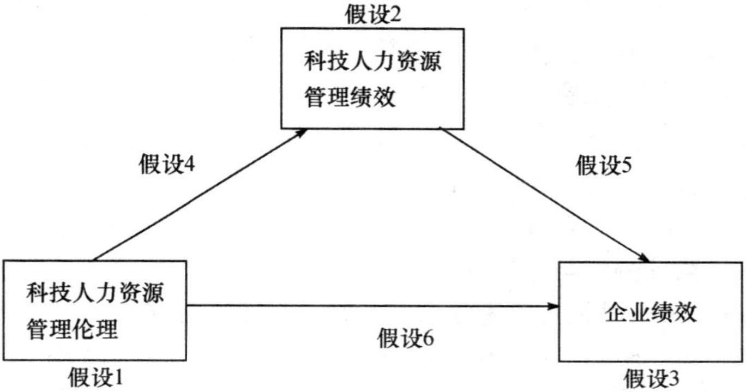

图 4—6　科技人力资源管理伦理与企业绩效关系假设模型

Fig. 4.6　The assumption model between HRST management ethics and enterprise performance relationship

工率等，其考核标准包括投入成本指标、内部流程指标、员工和客户满意及学习创新等。因此，本研究提出假设：科技人力资源管理绩效由不同评价指标构成。

假设 3　对于企业绩效的考核标准，学者们也从不同角度提出了一些相关指标，如平衡积分卡（BSC）提出了财务指标、客户指标、内部流程指标及学习成长等。因此，本研究提出假设：企业绩效是由不同评价指标构成的。

假设 4　在企业科技人力资源管理过程中，如能够坚持以人为本的管理理念，在招聘用人、绩效考核、薪酬管理过程中做到公平公正，实行民主管理，制度科学规范，关注员工发展，将有利于提升科技员工的满意度，工作更加积极，有利于获取更多的科技创新成果，提高企业科技人力资源管理绩效。因此，本研究提出假设：企业科技人力资源管理伦理建设对科技人力资源管理绩效将产生正向影响。

假设 5　张正堂（2006）通过实证研究指出人力资源管理效能是人力资源管理系统影响组织绩效的中介变量。本研究认为，企业科技人力资源管理绩效的提升对企业绩效将会产生重要的影响，科技员工生产率提高、人力资本优化合理，经济效益增加，企业创新能力、竞争能力增强，社会关系良好，健康持续发展。因此，本研究提出假设：企业科技人力资源管理绩效对企业绩效将产生正向影响。

假设6　企业科技人力资源管理伦理建设通过企业人力资源管理绩效进而会对企业绩效起到一定的促进作用。因此，本研究提出假设：企业科技人力资源管理伦理对企业绩效将产生正向影响。

二、实证分析与假设验证

（一）企业科技人力资源管理伦理构成维度分析

利用SPSS17.0简体中文版软件对正式调查所获得的122份有效问卷中企业科技人力资源管理伦理调查部分进行探索性因子分析。结果显示，在KMO和Bartlett检验方面，KMO值为0.897，Bartlett's球形检验卡方值为998.119，检验出相伴概率为0，显著水平小于0.001，达到非常显著的水平，表明数据适合于进行因子分析。

表4—1　企业科技人力资源管理伦理问卷KMO和Bartlett的检验

Tab. 4.1　KMO and bartlett's test of enterprise HRST management ethics questionnaire

KMO	取样足够度的 Kaiser—Meyer—Olkin 度量	0.897
Bartlett 的球形度检验	近似卡方	998.119
	df	210
	Sig.	0.000

在进行降维因子分析过程中，采取主成分分析方法抽取因素，用正交方差极大法进行旋转，以默认的特征根大于1为提取因素的标准，并参照碎石图（见图4—7）情况来提取有效因子。

通过分析，将旋转后的成分矩阵进行相应转换，生成企业科技人力资源管理伦理调查因子分析（N＝122）结果，见表3—20。

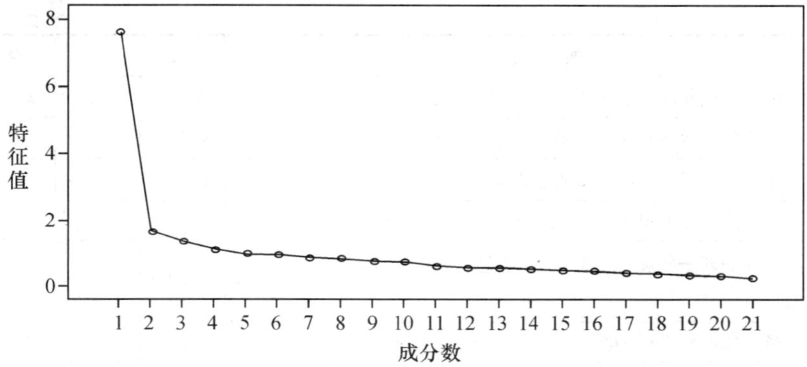

图 4—7　企业科技人力资源管理伦理因子提取碎石图

Fig. 4.7　The gravel figure of factor extraction form enterprise HRST management ethics

表 4—2　企业科技人力资源管理伦理调查因子分析（N＝122）

Tab. 4.2　The factor analysis of enterprise HRST management ethics survey（N＝122）

项目	F1	F2	F3	F4
企业招聘过程公正，不存在性别、年龄、户籍等歧视现象	0.682			
应聘人员在同等条件下，企业能够坚持公正、公平招聘原则	0.639			
企业招聘过程是向社会公开的、透明的	0.625			
企业有良好的用人制度，能够吸引外部科技人才加入	0.548			
企业对员工任用能够进行公开竞争、任人唯贤	0.531			
技术员工考核标准是科学公正的，符合员工的工作特点		0.679		
技术员工绩效考核的过程是公开的、透明的		0.651		

续表

项目	F1	F2	F3	F4
绩效考核制度能够征求员工的建议或意见		0.596		
企业的绩效考核制度能够严格认真执行		0.587		
企业建立了良好的绩效考核监督机制		0.575		
企业能够按照员工贡献大小进行合理的报酬分配		0.453		
企业的薪酬制度能够随着环境变化进行相应的调整		0.441		
员工能够对企业的激励制度提出合理的建议			0.776	
企业为员工制定了良好的职业发展规划			0.758	
企业有科学、规范的人才奖励和晋升制度			0.683	
企业为员工提供了不断成长和进步的机会			0.654	
企业能够对员工定期进行体检			0.623	
企业的目标和员工的目标能够经常保持一致			0.618	
企业关注员工的心理健康问题，能开展心理咨询或引导工作				0.812
企业有良好的科技人员进行技术创新环境和制度				0.769
企业能够定期向员工发放劳动保护用品				0.756
企业能及时了解员工的工作压力及任务是否过重情况				0.647
企业中的各种报酬及奖励的分配过程是公开、透明的				0.633
企业建立了完整的养老、失业、工伤、医疗保险制度				0.562
企业有舒适、安全的工作物理环境				0.492

提取方法：主成分分析法

旋转法：具有 Kaiser 标准化的正交方差极大旋转法，旋转在 9 次迭代后收敛

分析结果表明，企业科技人力资源管理伦理构成维度呈现出清晰

的4因子结构，并由21个项目组成，每个项目载荷情况见表3—20，4个因子解释变异量为63.705%。由此可见，企业科技人力资源管理伦理的构成维度包括4个因子，结合项目内容和实际走访调查情况，上述4个因子命名情况如下。

因子1：公平合理（招聘用人）。该项因子内容实际包含用人的两个方面，即企业科技人员的招聘情况和招聘后的使用情况；具体包括应聘人员在同等条件下，企业能否坚持公正、公平招聘原则，企业的招聘过程是否向社会公开透明，企业是否有良好的用人制度，能够吸引外部科技人才加入，企业对员工任用是否能够进行公开竞争、任人唯贤等。因子2：公正公开（绩效薪酬）。该项因子的内容主要体现了绩效和薪酬管理方面的伦理价值。主要包括技术员工考核标准是否科学公正，考核是否符合员工的工作特点，技术员工绩效考核的过程是否公开、透明的绩效考核制度是否能够征求员工的建议或意见，企业是否能够按照员工贡献大小进行合理的报酬分配，企业薪酬制度是否能够随着环境变化进行相应调整等。因子3：管理民主。该因子主要包括员工能否对企业的激励制度提出合理建议，企业是否为员工制定了良好的职业发展规划，企业是否能够对员工定期进行体检，企业的目标和员工的目标是否能够经常保持一致等。因子4：关怀员工。该因子内容体现了以科技员工为出发点的管理，主要包括企业是否关注员工的心理健康，积极开展心理咨询或引导工作，能否定期向员工发放劳动保护用品；企业能否及时了解员工的工作压力及任务是否过重情况；企业是否建立了完整的养老、失业、工伤、医疗保险制度，企业是否有舒适、安全的工作物理环境等。通过上述的探索性因子分析，得出了企业科技人力资源管理伦理由公平合理、公正公开、管理民主、关怀员工4个方面的维度构成，验证了企业科技人力资源管理伦理也是由不同维度构成的假设，即验证了假设1。

（二）企业科技人力资源管理绩效结构分析

利用SPSS17.0简体中文版软件对正式调查所获得的122份问卷中企业科技人力资源管理绩效调查部分进行探索性因子分析。表4—3显示，在KMO和Bartlett检验方面，KMO值为0.866，Bartlett's球形检验卡方值为406.797，检验出相伴概率为0，显著水平小于0.001，达到非常显著的水平，表明数据适合于进行因子分析。在进行降维因子分析过程中，采取主成分分析方法抽取因素，用正交方差极大法进行旋转，以默认的特征根大于1为提取因素的标准，并参照碎石图情况来提取有效因子。

表4—3　企业科技人力资源管理绩效问卷KMO和Bartlett检验

Tab. 4.3　KMO and bartlett's test of enterprise HRM performance questionnaire

KMO	取样足够度的Kaiser－Meyer－Olkin度量	0.886
Bartlett的球形度检验	近似卡方	406.797
	df	105
	Sig.	0.000

通过分析，将旋转后的成分矩阵进行相应转换，生成企业科技人力资源管理绩效构成的因子分析（N＝122）结果，见表4—4。

表4—4　企业科技人力资源管理绩效因子分析（N＝122）

Tab. 4.4　The factor analysis of enterprise HRM performance survey（N＝122）

项目	F1	F2	F3	F4
招聘、培训、薪资费用预算能够按照计划达成	0.757			
技术研发预算费用达成率较高	0.549			
科技人员的工作任务或工作目标完成率较高	0.538			
科技人员的产出能够给企业带来较好的经济效益	0.486			
人力资本投入与产出比值越来越小	0.430			
企业能够保持一定的市场占有率		0.735		

续表

项目	F1	F2	F3	F4
客户对企业满意度不断提高		0.665		
科技人员对企业的满意度不断提高		0.658		
企业人力资源战略规划较为科学		0.571		
人力资源管理制度体现了公平公正性		0.436		
招聘、培训、绩效及薪酬管理等流程能够得到不断优化			0.774	
科技人员及各部门之间能够很好地进行合作			0.643	
技术研发科研经费能够得到持续支持			0.558	
企业员工培训计划能够按时完成			0.463	
科技人员的学习和适应能力在不断加强				0.742
科技人员的创新意识和创新能力不断提升				0.627
科技人员能够互相支持，合作互助，共同成长				0.549
科技人员流失率降低				0.465

提取方法：主成分分析法

旋转法：具有 Kaiser 标准化的正交方差极大旋转法，旋转在 7 次迭代后收敛

通过探索性因子分析，发现企业科技人力资源管理绩效结构较为明显，共产生 4 个因子，4 个因子解释变异量为 62.539%，且载荷系数较高。第一个因子包括“招聘、培训、薪资费用预算、技术研发预算费用达成率、科技人员的工作任务或工作目标完成率、科技人员的产出能够给企业带来较好的经济效益以及人力资本投入与产出比值”等调查内容，充分体现了人力资源管理的投入成本指标，可以命名为“人力成本管理”；第二个因子包括“企业市场占有率、客户对企业的满意度、科技人员对企业的满意度、企业人力资源战略规划科学”等调查内容，体现了内部和外部对人力资源管理活动的满意度，是人力资源管理绩效评价的重要指标，可命名为“内外满意度”；第三个因子包括“招聘、培训、绩效及薪酬管理流程优化、科技人员及各部门

之间的合作、技术研发科研经费的持续支持和企业员工培训完成情况”等调查内容，说明内部流程管理在人力资源管理过程中重要性，可以命名为“内部流程管理”；第四个因子包括“科技人员的学习和适应能力、科技人员的创新意识和创新能力、科技人员能够互相支持，合作互助，共同成长以及科技人员流失率”等调查内容，这也是评价科技企业人力资源管理的重要指标，体现了科技人员的学习和创新管理，可以命名为“学习创新管理”。上述分析也验证了企业科技人力资源管理绩效由不同评价指标构成的假设，即验证了假设 2。

（三）企业绩效结构分析

利用 SPSS 软件对正式调查所获得的 122 份问卷中关于企业绩效的调查部分进行探索性因子分析。表 4—5 显示，在 KMO 和 Bartlett 检验方面，KMO 值为 0.887，高于最低水平 0.70；Bartlett's 球形检验卡方值为 664.092，检验出相伴概率为 0，显著水平小于 0.001，达到非常显著的水平，表明数据适合于进行因子分析。在进行降维因子分析过程中，采取主成分分析方法抽取因素，用正交方差极大法进行旋转，以默认的特征根大于 1 为提取因素的标准，并参照碎石图情况来提取有效因子。

表 4—5　　企业绩效问卷 KMO 和 Bartlett 检验

Tab. 4.5　KMO and bartlett's test of enterprise performance questionnaire

KMO	取样足够度的 Kaiser－Meyer－Olkin 度量	0.887
Bartlett 的球形度检验	近似卡方	664.092
	df	153
	Sig.	0.000

通过分析，将旋转后的成分矩阵进行相应转换，生成企业科技人力资源管理绩效构成的因子分析（N＝122）结果，见表 4—6。

通过探索性因子分析发现，企业绩效结构构成较为明显，共产生 4 个因子，其解释变异量为 66.460%，各项因子中的项目载荷系数也

表 4—6 企业绩效因子分析（N=122）

Tab. 4. 6 The factor analysis of enterprise performance survey（N=122）

项目	F1	F2	F3	F4
企业现金流量管理体系科学，能保证研发工作正常开展	0.637			
企业能够有效募集资金，并有较好的债务偿还能力	0.549			
企业资产成本结构合理，成本费用预算达成率较高	0.525			
企业资产运营状态良好，投资回报和收益率较高	0.454			
企业研发的科技产品销售利润率较高，盈利较好	0.430			
企业重视利益相关者权益，并积极开展公共关系工作		0.771		
顾客对科技产品或技术服务感到满意，有一定的忠诚度		0.577		
企业科技产品的顾客满意度较高，有较好的客户维持率		0.562		
企业科技产品拥有稳定的市场份额，市场占有率逐年提升		0.417		
企业能够积极考虑和尽可能提高顾客的获利程度		0.475		
企业能够根据市场需求及时研发新产品，成功率高，周期短，能按时上市			0.841	
企业内部各项业务流程能够有序进行，正常开展			0.756	
企业各项工作计划性强，规章制度科学合理			0.645	
企业重视售后服务工作，及时对顾客的反馈和建议进行快速妥善处理			0.564	
企业鼓励科技员工进行产品、技术和服务创新，并进行相应奖励			0.557	

续表

项目	F1	F2	F3	F4
员工能积极提出合理化建议，企业愿意接受员工提出的良好建议				0.751
企业帮助员工制定其职业生涯发展规划，协助其实现个人目标				0.635
企业每年都有科学合理的员工学习和培训计划，培训目标达成率较高				0.547
科技员工能积极接受培训和学习，岗位任职资格达标率较高，研发能力有很大的提升				0.538
科技员工对企业满意度较高，愿意留在企业工作				0.522
提取方法：主成分分析法				
旋转法：具有 Kaiser 标准化的正交方差极大旋转法，旋转在 10 次迭代后收敛				

比较高。第一个因子包括“企业资产成本结构及成本费用、企业资产运营状态及投资回报和收益率、企业研发的科技产品销售利润率、企业现金流量及债务偿还能力”等主要内容，充分体现了企业绩效的财务评价指标，可以命名为“财务指标”；第二个因子包括“企业科技产品市场占有率、企业科技产品及服务的顾客满意度和忠诚度、企业重视利益相关者权益的公共关系工作以及企业能够积极考虑和尽可能提高顾客的获利程度”等内容，体现了企业的客户满意度，是企业绩效评价的重要指标，可命名为“客户满意度”；第三个因子包括“企业各项工作计划及规章制度情况、企业内部各项业务流程开展情况、企业及时研发新产品的成功率及上市情况、企业产品、技术和服务创新及奖励情况和售后服务工作开展情况”等内容，说明企业内部各项制度及管理流程对企业绩效的重要影响，可以命名为“内部运营”；第四个因子包括“企业员工学习和培训情况、员工参与企业管理情况、企业帮助员工制定其职业生涯发展规划、科技员工满意度情况”等内容，学习和成长对企业的可持续发展来说至关重要，也是评价科

技性企业绩效的重要指标，可以命名为“学习成长”。上述分析也验证了企业绩效由不同评价指标构成的假设，即验证了假设3。

（四）企业科技人力资源管理伦理与企业人力资源管理绩效关系分析

相关分析是研究和分析两个以上的变量之间相关程度的一种常用统计方法。在SPSS软件的相关分析中，主要通过图形（散点图）和数值（相关系数）两种方法来揭示变量之间相关关系的强弱程度。根据SPSS统计分析原理，本研究在对潜变量企业科技人力资源管理伦理与企业人力资源管理绩效的结构进行因子分析后，产生了新的因子（管理伦理4个因子、科技人力资源管理绩效4个因子）及其得分（SPSS系统作为新的变量生成存储），按照各组因子方差贡献率加权相加计算出来了潜变量企业科技人力资源管理伦理综合评价得分和企业人力资源管理绩效综合评价得分，并作为新的变量进行存储，本研究对这2个新的变量进行了相关分析。

在对企业科技人力资源管理伦理和企业科技人力资源管理绩效进行相关分析过程中，首先进行相关图形即散点图（Scatter Dot）的绘制来分析二者间的相关关系。在SPSS系统中，选择简单散点图（Simple Scatter）的分析类型后，将潜变量企业科技人力资源管理伦理设定为图形的X轴（横坐标），企业科技人力资源管理绩效设定为Y轴（纵坐标），其他采用默认项设置，运行后生成图4—8。从图4—8中可以清晰地看到，企业科技人力资源管理伦理与企业科技人力资源管理绩效之间每一组数据对（X值、Y值）的分布呈现明显的线性关系，并且总体趋势呈正向相关分布。

在相关系数分析中，首先，利用上述两个变量的数据计算变量间的相关系数r，以判断二者之间的线性相关程度的强弱：相关系数r的值一般在-1和$+1$之间，$r>0$表示正相关，$r<0$表示负相关，$r=0$表示不相关。其次，为了避免因样本随机性或样本数量较少等原因而产生影响二者之间显著相关关系的负面影响，必须以假设检验的方式对二者样本总体是否存在显著的线性相关关系进行统计判断。

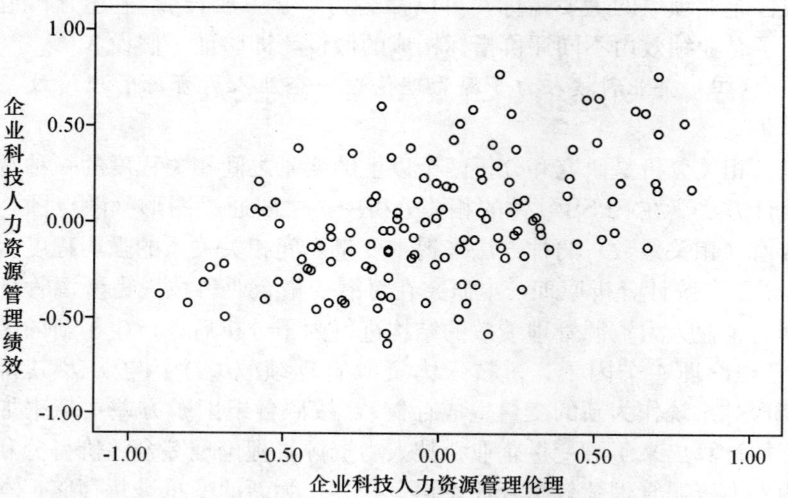

图 4—8　企业科技人力资源管理伦理与科技人力资源管理绩效相关散点图

Fig. 4.8　The relative scatter figure between enterprise HRST management ethics and HRST management performance

因此，提出零假设 H_0：二者总体线性不相关；在统计中要计算二者统计量检验的显著性概率 p 值，如果计算出来的显著性概率 p 值小于给定的显著性水平 a 值，应该拒绝零假设，判定二者总体相关，否则二者总体不相关。在二元相关统计分析过程中，将上述二者作为计算相关系数的变量，选择能够分析两个连续变量之间的皮尔逊相关系数（Pearson）进行双边假设检验（Two－tailed），并选择“标志显著相关”（Flag significant correlations），如 p 值小于显著性水平 0.01 时，相关系数采用两个星号“**”标志，表示特别显著。经过统计，SPSS 生成企业科技人力资源管理伦理与企业科技人力资源管理绩效相关矩阵，见表 4—7。

表 4—7 显示，企业科技人力资源管理伦理与企业科技人力资源管理绩效的相关系数值 r 为 0.484，大于 0，并且大于线性相关最低标准值 0.3，说明二者之间呈正向线性相关，即在不考虑其他变量因

表 4—7 企业科技人力资源管理伦理与科技人力资源管理绩效相关矩阵

Tab. 4.7 The correlation matrix between enterprise HRST management ethics and HRST management performance

		企业科技人力资源管理伦理	企业科技人力资源管理绩效
企业科技人力资源管理伦理	Pearson 相关性	1	0.484**
	显著性（双边）		0.000
	N	122	122
企业科技人力资源管理绩效	Pearson 相关性	0.484**	1
	显著性（双边）	0.000	
	N	122	122

素的影响下，企业科技人力资源管理伦理建设水平越好（越差），企业科技人力资源管理绩效就会越高（越低）；此外，两个变量间的显著性相关检验值 p 为 0.000，小于显著性水平 0.01，因此变量相关系数 r 值（0.484）右上方采用“**”标志，说明了企业科技人力资源管理伦理与企业科技人力资源管理绩效相关性特别显著。总之，通过散点图和相关系数的分析，确认了企业科技人力资源管理伦理与企业科技人力资源管理绩效之间呈正向线性相关关系，且二者之间相关性特别显著，验证了“企业科技人力资源管理伦理将对科技人力资源管理绩效产生正向影响”，即假设 4 的结论是正确的。

（五）企业人力资源管理绩效对企业绩效影响分析

同样，本研究在对企业科技人力资源绩效与企业绩效的组成结构进行因子分析后，产生了新的因子（企业科技人力资源管理绩效 4 个因子、企业绩效 4 个因子）及其得分（作为新的变量生成存储），计算出企业科技人力资源管理绩效综合评价得分和企业绩效综合评价得分后作为新的变量进行存储，以进行相关分析。在相关散点图的绘制过程中，将潜变量企业科技人力资源管理绩效设定为图形的 *X* 轴

(横坐标)，企业绩效设定为 Y 轴（纵坐标)，其他采用默认项设置，运行后生成图 4—9。

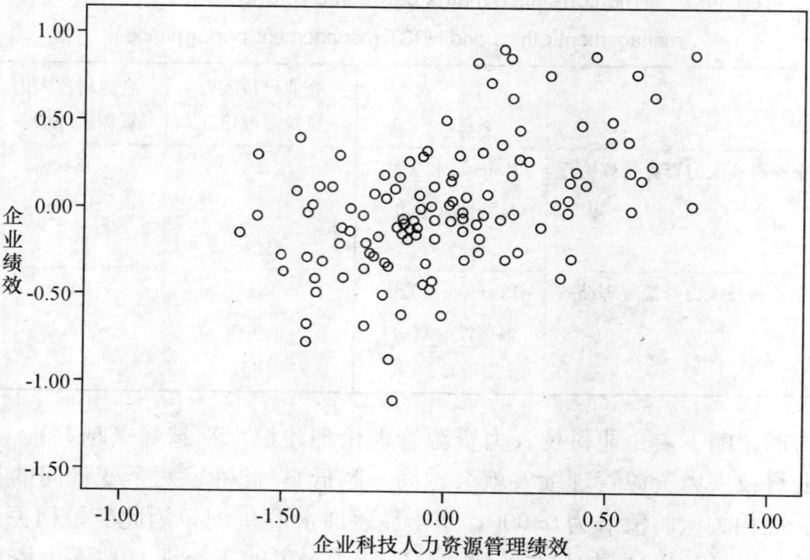

图 4—9 企业科技人力资源管理绩效与企业绩效相关散点图

Fig. 4.9 The relative scatter figure between enterprise HRST management performance and enterprise performance

从散点图 4—9 中可以清晰地看到，企业科技人力资源管理绩效与企业绩效之间每一组数据对（即每个对应组的 X 值、Y 值）的分布呈现明显的线性关系，并且总体趋势呈正向相关分布。在相关系数分析中，以假设检验的方式对二者样本总体是否存在显著的线性相关关系进行统计判断，提出二者之间显著关系的零假设 H_0：二者总体线性不相关。在统计分析过程中，将企业科技人力资源管理绩效与企业绩效二者作为计算相关系数的变量，选择皮尔逊相关系数进行双边假设检验，并选择“标志显著相关”。经过统计，SPSS 自动生成企业科技人力资源管理绩效与企业绩效相关矩阵，见表 4—8。

表 4—8　企业科技人力资源管理绩效与企业绩效相关矩阵

Tab. 4.8　The correlation matrix between enterprise HRST management performance and enterprise performance

		企业科技人力资源管理绩效	企业绩效
企业科技人力资源管理绩效	Pearson 相关性	1	0.483**
	显著性（双侧）		0.000
	N	122	122
企业绩效	Pearson 相关性	0.483**	1
	显著性（双侧）	0.000	
	N	122	122

表 4—8 显示，企业科技人力资源管理绩效与企业绩效的相关系数值 r 为 0.483，大于 0 及线性相关最低标准值 0.3，说明二者之间呈正向线性相关关系，即在不考虑其他变量因素的影响下，企业科技人力资源管理伦理越高（越低），企业绩效就会越高（越低）；两个变量间的显著性相关检验值 p 为 0.000，小于显著性水平 0.01，相关系数 r 值（0.483）右上方出现“**”标志，说明了企业科技人力资源管理绩效与企业绩效相关性特别显著。通过散点图和相关系数的分析，确认了企业科技人力资源管理绩效与企业绩效之间呈正向线性相关，且二者之间相关性特别显著，验证了“企业科技人力资源管理绩效将对企业绩效产生正向影响”，即假设 5 的结论是正确的。

（六）企业科技人力资源管理伦理对企业绩效影响分析

本研究在对企业科技人力资源管理伦理与企业绩效的组成结构进行因子分析后，产生了新的因子（企业科技人力资源管理伦理 4 个因子、企业绩效 4 个因子）及其得分；同样，计算出企业科技人力资源管理伦理综合评价得分和企业绩效综合评价得分后将其作为新的变量进行存储，以开展相关分析。在相关散点图绘制过程中，将潜变量企业科技人力资源管理伦理设定为图形的 *X* 轴（横坐标），企业绩效设

定为 Y 轴（纵坐标），其他采用默认项设置，运行后生成图 4—10。

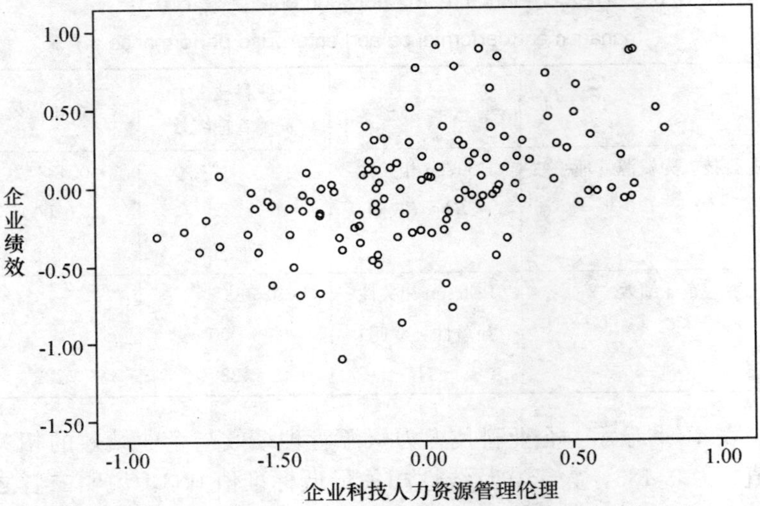

图 4—10　企业科技人力资源管理伦理与企业绩效相关散点图

Fig. 4. 10　The relative scatter figure between enterprise HRST management ethics and enterprise performance

从散点图 4—10 中可以清晰地看到，企业科技人力资源管理伦理与企业绩效之间每一组数据对的分布呈现明显的线性关系，且总体趋势呈正向相关分布。在相关系数分析中，同样提出二者之间显著关系的零假设 H_0：二者总体线性不相关。在统计分析过程中，将企业科技人力资源管理伦理与企业绩效二者作为计算相关系数的变量，选择皮尔逊相关系数进行双边假设检验，并选择“标志显著相关”。经过运行 SPSS 软件，生成企业科技人力资源管理伦理与企业绩效相关矩阵表，见表 4—9。

表 4—9 显示，企业科技人力资源管理伦理与企业绩效的相关系数值 r 为 0.477，大于 0 及线性相关最低标准值 0.3，说明二者之间呈正向线性相关关系，即在不考虑其他变量因素的影响下，企业科技

表 4—9 企业科技人力资源管理伦理与企业绩效相关矩阵

Tab. 4.9 The correlation matrix between enterprise HRST management ethcis and enterprise performance

		企业科技人力资源管理伦理	企业绩效
企业科技人力资源管理伦理	Pearson 相关性	1	0.477**
	显著性（双侧）		0.000
	N	122	122
企业绩效	Pearson 相关性	0.477**	1
	显著性（双侧）	0.000	
	N	122	122

**. 在 0.01 水平（双侧）上显著相关

人力资源管理伦理建设越好（越差），企业绩效就会越高（越低）；两个变量间的显著性相关检验值 p 为 0.000，小于 0.01，因此，变量相关系数 r 值（0.477）右上方出现“**”标志，说明了企业科技人力资源管理伦理与企业绩效相关性特别显著。通过散点图和相关系数的分析，确认了企业科技人力资源管理伦理与企业绩效之间呈正向线性相关关系，且二者之间相关性特别显著，验证了“企业科技人力资源管理伦理将对企业绩效产生正向影响”，即假设 6 的结论是正确的。

第五章

企业科技人力资源管理伦理框架与调控模型

第一节 企业科技人力资源管理伦理框架

一、企业科技人力资源管理伦理理念框架

首先，企业应该树立体现效率与公平、义利统一的管理价值理念。

一个科技型企业要想使人力资源管理伦理建设得更好，使企业各个人力资源管理环节更加高效合理，就要寻求和探索良好的管理伦理理念，良好的管理伦理理念对于企业有效地开展科技人力资源管理，发挥其潜力，提升个人和企业绩效，实现两者目标，达到和谐管理、创新管理、人本管理的理想状态来说至关重要。在社会主义国家，一个组织人力资源管理的目标至少应该有两个：一是管理效率的追求。如以最少的成本投入获得最大的产出，或同样的成本投入获得更多的产出，以提高其管理效率，获取经济利益，实现组织目标，进而积累社会物质财富；二是社会责任的承担，即要积极遵守道德准则，认真履行道德义务，促进社会精神文明建设。1997 年，欧美部分跨国公司和一些国际组织在美国纽约制定了全球第一个社会责任认证标准——SA8000 社会责任认证标准；美国联邦惩戒委员会也制定了《美国联邦对机构的惩戒指导原则》，该原则规定了企业管理伦理规划

的最低要求，并由专人负责，这些可以说是企业管理伦理的一个新的发展阶段。由于科技人力资源的开发和利用对社会影响较大，因此，对其管理也就显得比普通人力资源管理更重要。一个企业在科技人力资源管理过程中，除了追求管理效率以外，还要勇于承担社会责任，加强伦理道德建设，以减少资源破坏、环境污染及学术不端等违反道德的行为，真正做到以义导利、义利统一，这也管理伦理的重要原则之一。从长远来看，承担更多的社会责任，是企业或其他组织提高竞争力的需要和机遇。良好的社会责任表现可以赢得公众的尊重，有利于保持员工的忠诚，有利于企业招募、留住优秀员工，有利于激发企业的创造力。正如比利时卢文大学经济学与伦理学研究中心哲学教授卢克·博凯特所说的“我们必须不仅考虑经济伦理如何操作的问题，而且要考虑如何使它成为真正伦理的问题。”2008 年 4 月出版的《中国人力资源发展研究报告》也提出转变用人观念，提倡“为国服务”的科技人力资源管理方针，可见其加强社会责任建设的重要性。因此，结合当今我国大多数科技型企业的实际情况，本研究认为企业在进行科技人力资源管理过中要始终遵循以义导利、义利统一的人力资源管理伦理理念。具体来说，企业在科技人力资源管理过程中，针对目前科技型企业中存在的就业歧视、绩效考核不公平、薪酬不合理、忽视员工身心健康和职业发展等有悖于伦理管理的各种现象，在各项人力资源管理环节中要始终坚持以人为本，注重创新及发展，贯彻公平、公正、公开管理的伦理理念，树立以义导利、义利统一的管理价值观，只有这样才能做到真正的伦理管理，才能更好地调动科技人员的积极性和主动性，充分发挥其潜能，为社会创造更多的物质财富和精神财富。

其次，企业应树立以人为本、全面发展的科技人力资源培育理念。人本管理思想产生于西方 20 世纪 30 年代，20 世纪 60 年代运用于企业管理之中，可以说是现代企业进行人力资源管理思想和理念上的一次重要革命。企业应该把科技员工作为企业最重要的资源，以员工的才智、能力及其特长等为出发点，积极关注员工目标的实现及健康成长，科学合理地开展人力资源开发和利用工作，提升员工工作绩效，进而实现员工的个人目标和企业目标。科技人力资源由于基本素质较高、专业能力较强，又具有较强的独立自主性和自我价值实现欲望，所以他们愿意接受挑战性的工作和任务，更愿意通过工作得到领导、同事及社会的认可。但由于科技人才的激烈竞争和社会上各种利益的诱惑，他们也有较强的流动意识，如果对原单位待遇不满或无法实现自身价值，他们就更愿意到福利待遇更好、知名度更高、发展机会更多的组织工作。因此，科技人力资源管理必须始终坚持以人为本、全面发展的现代员工价值管理理念，以真正培养、造就一支稳定的、高素质的、高凝聚力的科技人力资源队伍。“以人为本、全面发展”就是要在管理过程中时时刻刻、处处以人的管理为中心，积极关心人的情感，尊重人的价值并满足人的合理需求，从而调动人的工作积极性和创造性。正如著名管理大师彼得·德鲁克指出的，日本将企业作为人类群体，认为首先要为这一群体的成员服务，包括自己的职工、管理人员以及公众。利润对日本经理来说当然重要，但是满足职工需要、提供就业机会更为重要，这也是日本很多科技领域能够快速发展并居于世界前列的一个重要原因。树立以人为本的管理理念要求企业真正实现战略层面的人力资源管理，认识到人的管理是第一位的，将科技人员的管理与组织的战略规划及管理结合起来，置于较高的战略层面，同时还要开展以满足科技员工合理需求的有针对性的激励工作，建立和谐良好的人际关系，合理开发员工潜能，培育团队合作精神，引导全体员工积极参与企业管理，使企业员工为企业贡献智慧和力量。索尼创始人盛田昭夫多次谈到企业成功的唯一真正关键就是对“人”的管理，他多次谈到技术员工管理的重要性，始终坚持以人为本的管理理念，其他管理理念都是它的延伸，索尼特别强调各级管理人员都要尊重员工，员工和管理者、股东及企业家都同样重要，都是平等的，工作服装一样，吃饭食堂一样，提建议的权利一样，企业内部无高低贵贱之分；公司尊重每一个技术人员的想法和做法，建立互相尊重、互相信任、平等沟通、亲密融洽、团结和谐的人际关系；对待女工尤其显得更加尊重，如在录用女工方面。国内联想集团提出的从“蜡烛”到“蓄电池”科技人员管理概念就是“以人为本”，把人看做第一资源的重要管理理念的体现。“尊重个人”也是摩托罗拉公司在全球所提倡的主要管理理念，强调“以礼待人、忠贞不渝”，提倡人人有权参与，重视集体合作，鼓励创新，并通过培训、教育、专业深造发展、后勤福利、积极沟通等方式来予以保证。联想公司蒋北麒说过：“过去的人才管理把人视做蜡烛，不停地燃烧直至告别社会舞台；而现在，把人看做是资源，人才好比蓄电池，可以不断地充电、放电；对人才的管理不仅是让他为企业创造财富，同时也要让他寻找到最合适的岗位，最大限度地发挥自身潜能，体现个人价值，有利于自我成长。”另外，德才兼备是对科技人力资源的另一个基本要求。在新的形势下，组织要坚持用德才兼备的原则去招募和培育科技人才，提倡德才兼备是保障我国科技创新能力的持续提高、推动国家竞争力稳步提升的基本条件。所以，在科技人力资源管理过程中，要对组织内部的科技人力资源进行思想觉悟、政治立场及道德品质等方面开展教育工作，教育员工像老一辈科学家那样不受各种经济利益的诱惑，要淡泊名利，拥有“为国服务”的爱国主义情操；要教育员工尊重同事、团结合作、爱护集体等，以培养全面发展的、对社会有益的社会主义人才。

二、企业科技人力资源管理伦理规范框架

第一，确立企业科技人力资源管理伦理原则。

针对科技人力资源的特点，在对其管理过程中，要充分结合科技员工的自身特点，始终坚持相应的管理伦理原则：首先，坚持“以人为本”的管理原则。“以人为本”是现代社会中任何类型组织进行人力资源管理时必须遵循的一个基本原则，即以人为出发点，重视人在企业中的重要作用。企业可以根据科技人员的独立性、自主性较强、流动性明显、事业心强和富于创造性的特点，从两个方面出发，一是从精神需求方面来看，应该意识到科技人员的社会属性，充分重视科技人员的价值和尊严，不能只是当成完成任务的手段和工具，而是要

尊重科技人员的人格和权利，平等对待每一位员工，努力帮助科技人员实现其人生价值和目标，明确人是人力资源管理的目的，注重员工的健康全面发展，而不仅仅是实现组织目标的工具和手段；二是从物质需求方面来看，首先要充分考虑科技人员的自然生理属性，意识到科技人员也存在多种多样、不同层次的合理物质需求，尽可能在符合条件的情况下去规划设定员工多样性的不同物质薪酬及福利激励模式；应该保证作出贡献的科技人员的正当合理要求得到满足，做到资源的科学合理分配，实现价值上公平公正。其次，坚持公平与效率相结合的发展原则。在绩效管理及薪酬分配过程中，既要追求管理效率，关注企业科技人力资本的投入与产出之间的关系，也要重视伦理价值上的公平，及管理深层次的重要价值意义，注意公平体现为人力资源管理环节中的起始公平、过程公平和结果公平，尤其应该注重以绩效能力为导向的分配公平。再次，坚持公正公开原则及透明原则。在开展具体职能管理过程中，如人力资源规划、工作分析、招聘、培训、绩效考核、发放薪酬福利、建立和维持劳动关系等方面，要积极坚持公正公开原则和过程透明原则，要维护科技人力资源的正当合理利益，从价值方面体现人力资源管理的重要意义，确保科技人力资源的健康和谐管理。最后，坚持平等、合法及合理原则。企业在进行科技人员管理过程中，内部要坚持平等的共同制度，避免等级森严的现象出现；同时要充分尊重和保护科技人员公平录用就业权利，保障每位科技员工合法获取劳动报酬及各项社会保险等平等的合法权益，认真履行《劳动法》《劳动合同法》及各项社会保障法中的保护劳动者合法及合理权益义务，做到国家意志、企业意志及个人意志的和谐有机统一。

第二，明确企业科技人力资源管理伦理规范。

伦理规范是伦理原则在实践管理过程中具体体现和基本要求。基于以上基本伦理原则，在实际科技人力资源管理过程中要把积极遵守相应的行为规范作为指导方向：首先要坚持和谐管理。家和万事兴，对于企业科技人力资源管理也是一样，要重视企业内部管理者和员工之间、员工和员工之间的和谐关系建设，建立良好的内部人际关系。通过和谐管理，可以达到员工与员工之间、员工与管理者之间以及管理者之间的和谐有序状态，有利于营造良好的工作氛围，提高员工满意度，以减少员工流动率，进而达到企业与员工的利益一致，共同目标一致；其次，要重视责任管理。在管理过程中，既要对企业的目标和发展负责，也要对员工的个人目标、付出与回报及其全面发展负责，更要对社会负责，如合理开发和利用自然资源、避免环境污染和端正科研态度等；只有重视责任管理，在进行科技人员管理时具有高度的责任心和强烈的道德价值意识，才可能使企业、个人和社会的利益都得到保障，并避免出现有失公正、公平和平等的现象出现，才能使企业、个人和社会健康存在和发展；再次，坚持民主参与管理。在管理过程中，领导和管理就是为员工做好协调与服务工作，如保证科技人员充分行使其参与管理、表达意见的民主权利，保证员工能够自由地进行科技创新并给予适当的奖励和表彰；此外，要注意民主参与管理的前提是科技人员应该具有一定的“成熟度”，即阿吉里斯所强调的员工由“不成熟”已经过渡到了“成熟阶段”，如表现为有责任心、愿意奉献、理性决策、积极完成任务、目光长远等，这种情况下民主参与管理的效果会更好；最后，进行创新管理。创新是企业健康发展、自强不息、勇于进取的伦理行为表现，也是人力资源管理的重要行为规范之一。组织在对科技人力资源进行管理过程中，要积极号召和鼓励科技员工不断进行观念、行为上的创新；在管理方式上，也要随着内外环境和各种因素的变化而不断探索有效的管理方式，以进行人力资源管理的调整和变革。相信一个组织如果能够积极践行上述道德规范，科技人力资源管理必将体现其内在伦理价值特征，使得管理取得更好的效果。

三、企业科技人力资源管理伦理评价框架

（一）企业科技人力资源管理伦理评价对象

首先，明确科技人力资源管理道德行为主体。道德是人类社会中特有的一种社会现象，是通过人的主观的、能动的社会行为活动来开

展和实现的，或者说，道德行为是人类开展的一种有目的、有意识的社会活动；人是这种有意识、有目的的能动活动的主体，自然也就使人成为道德行为的主体。同样，作为具有法律意义上人格的主体——企业，也与此相一致，具有集体思维意识和能够进行决策行为的机构——股东大会或董事会等机构（视企业性质、规模和责任依据相应法律的规定有所不同），并具备相应的法定权利、责任和义务。从这个意义上说，正如大家所提到的“社会公民”一样，企业也成为一个有群体意识、有共同目的的社会范围内的道德行为主体，具有道德意识和决策功能，能够做出人力资源管理道德决策和行为实践，并承担相应的道德责任和义务。也就是说，企业在日常的生产决策和经营管理（包括对人力、物力、财力、技术及信息等管理）中同样可以进行价值观念上伦理道德思考和决策，尤其是在科技人力资源管理过程中，在其各个主要环节，如招聘、培训、绩效考核、薪酬福利、员工劳动关系管理及其职业发展管理等阶段，企业相关决策机构的组成成员都可以遵守相应的伦理原则和规范，进行价值上思考和判断，可以坚持公平、公正、公开和有利于员工发展的原则和规范，进行人本管理、和谐管理、民主管理及创新管理，承担其相应的社会责任，成为真正意义上的、合格的道德行为主体。今天，作为影响企业目标实现及发展的重要组成部分——战略人力资源管理，已经成为企业管理的一个重要内容和主要环节，其决策常常参与到企业最高决策和日常管理之中，科技人力资源管理的决策和行为不仅仅是人力资源部门或人力资源管理者的行为，更重要的是和企业战略结合在一起的企业高层群体决策行为。企业的股东会、董事会、职工大会及人力资源部门等都已经共同成为企业内部进行人力资源管理道德意识和道德行为决策的主体，而不再仅仅是目前一些学者所简单提到的人力资源部门及其内部人员而已。如果能够认识到这一点，对正确理解企业科技人力资源管理道德行为主体的构成及科技人力资源管理伦理责任的承担来说至关重要。

其次，科技人力资源管理道德行为确定与区分。一般来说，如同个人一样，企业在人力资源管理过程中，受到内在意识、本身条件和外在社会环境的影响和制约，能够做出一系列相应的管理决策行为，其中有一些是道德行为，有一些则是非道德行为。需要注意的是，企业在进行科技人力资源管理过程中，一些具有自觉意识、主观能动、遵守伦理道德原则和规范的，且具有社会意义和价值的行为才可称为科技人力资源管理道德行为。从伦理学意义上说，企业科技人力资源管理道德行为应该具备下列条件：一是科技人力资源管理道德行为是基于企业自觉主动的道德意识而采取的管理行为，能够体现其主观能动性。自觉主动的意识应该包括企业对科技人力资源管理行为本身的明显自觉意识，也包括对其本身科技人力资源管理行为意义的自觉意识；二是企业科技人力资源管理道德行为是企业自愿而非被迫采取的行为，即企业依据一定的伦理原则和道德规范而自愿进行的一系列有伦理价值意义的社会行为，而不是依据法律法规而被强迫采取的一系列非自愿行为，出现无价值追求的情形；三是企业的科技人力资源管理行为本质上应该是与员工、社会的利益联系在一起的行为，而不是单独的基于企业自身利益而体现其意识的一种外显。此外，在道德行为的确定与区分上，还要注意唯心主义伦理学家的忽视经济利益而只单独从道德主体和道德意识方面去确定道德行为的错误思想，要意识任何道德行为都与一定利益关系联系在一起的，同样企业科技人力资源管理也是有其自身经济基础和利益追求的，要考虑企业人力资本的投入与产出的重要比例关系，否则企业就没有管理效益和生产利润可言，无法立足生存，也无法为社会创造物质财富，以满足人们的各种需求；同时也要避免机械唯物主义伦理学家只从生存的、物理的角度观察企业的科技人力资源管理行为，把科技人力资源管理道德行为归结为满足企业为了追求本身的经济利益而采取的一系列自然本性的功利行为，要注意到企业既是一个追求经济利益的“经济人”，同时也是一个应该承担社会责任的“社会人”；既从事物质方面的生产，也应积极参与社会精神文明方面的建设。因此，上述两种资产阶级伦理学观点割裂了经济利益和伦理道德、道德主体与道德客体、企业利益与员工利益、社会利益的辩证统一关系，不能正确把握区分企业科技人力资源管理的道德行为与非道德行为界限，应该引起必要的注意。

（二）科技人力资源管理道德行为评价标准

道德评价是人类特有的对道德行为进行价值辨析和判断的一种社会现象，是人类社会道德活动的一个重要组成部分，它对于个体道德品质的形成、企业道德行为和机制的确认与完善，以及整个社会道德水平的提高与改善都具有重要意义。从本质上看，企业科技人力资源管理道德行为评价是根据一定社会或阶级的管理伦理规范和准则体系，对于企业的科技人力资源管理行为作出善与恶、道德与非道德、进步与落后的价值上辨析与判断，从而“扬善除恶”“褒善贬恶”，树立伦理管理典型，提高企业伦理管理层次与水平，以达到健全完善企业科技人力资源管理道德风尚，促进社会精神文明建设的目的。

在道德评价中，应该先确立道德评价的标准，即以什么样的条件或要求来评价道德行为。总的来看，“善与恶”一直是评价道德与非道德一个最基本的价值标准。在中国伦理学发展历史过程中，从古代的《左传》《论语》的“善行”“恶行”到《易经》的“遏恶扬善”，再到我们今天的“好”与“坏”、“正直”与“邪恶”等，一直都把贯穿于其中的“善”与“恶”的思想价值精髓作为道德评价的标准；同样在西方伦理学历史发展过程中，从苏格拉底、柏拉图到亚里士多德，再到现代社会的康德、黑格尔和杜威等，也都十分重视强调“善”与“恶”在道德评价中的重要作用。因此，可以说“善”与“恶”的价值观念在古今中外一直是用来判断与辨认个体、群体（包括企业、事业、社会团体等组织）及整个社会道德行为价值的基本尺度与标准。“善”是指个体、群体或社会的行为符合一定社会或阶级的道德准则或规范，“恶”是指个体、群体或整个社会的行为与一定的社会或阶级的道德规则及规范相违背。结合我国目前的社会环境，在企业人力资源管理过程中，“善”是指企业的科技人力资源管理行为符合当今的社会主义的道德原则及规范要求，在各个环节的管理过程中能够做到以人为本，坚持公平、公正、公开等伦理原则与规范，能够调动员工的积极性和主动性，促进企业目标的实现和个人的全面发展，有利于维护员工个体、企业本身及社会大多数人的利益，有利于社会物质文明和精神文明的建设，有利于社会生产力的提高和社会的进步；相反，违背当前最基本的社会主义道德原则和规范，甚至违法乱纪，侵害员工合法权益，管理过程中只关注企业自身发展和经济利益，不能做到以人为本、存在歧视、欺骗、隐瞒以及忽视、侵害员工个体利益及社会利益，阻碍员工个体目标实现及社会进步，限制社会生产力发展的行为则是不道德的“恶”的行为表现。

（三）企业科技人力资源管理道德行为评价原则和方法

企业科技人力资源管理道德行为评价要坚持动机论与效果论的辩证统一原则。在道德评价历史过程中，存在动机论与效果论两种主要的道德评价观点。动机论强调从个体或群体的动机出发，不考虑结果去评价其行为的善与恶，如中国孟子、董仲舒的“恻隐之心”“善恶之心”等观点，西方苏格拉底、柏拉图的“理念”“德行”及康德的“善良意志”等观点；效果论则是从行为的结果出发，不考虑其动机而去评价行为的善与恶，如西方边沁和密尔强调的个体或群体的“幸福”“快乐”等观点。结合辩证唯物主义和历史唯物主义的指导思想，在进行个体或群体道德行为评价的过程中，要坚持联系的、发展的、全面的观点来分析看待问题，既反对单纯的动机论，也反对单纯的效果论，要积极坚持动机与效果的辩证统一论。同样，对于企业科技人力资源管理过程中各环节、各阶段的管理行为，要从马克思主义的观点出发，坚持动机论与效果论的辩证统一原则，用联系的、发展的和全面的观点来进行价值上的分析与判断，既注重其管理动机的考察，又注重对管理行为效果的检验，将二者辩证统一起来。在对企业科技人力资源管理行为的具体分析过程中，一方面要注意企业科技人员管理动机方面的考察与监督，真正能够做到使其动机不但考虑到企业目标和利益，而且也能够关注员工目标的设计和实现，维护员工的切身利益，确保员工的全面健康成长，积极履行社会责任；另一方面要时刻注意对其科技人力资源管理行为效果的实践检验，验证其动机是否善良。如可以进行严格监督，以确保企业科技人力资源管理的各个环节都能够坚持伦理管理原则和规范，既能实现企业利润，扩大社会物质财富，又能够关心员工和社会利益，促进精神文明建设，进而达到动机和效果的统一。简单地说，评价企业科技人力资源管理行为的道德与否，从善恶的角度出发，既注意考察其动机，又要注意其效果，坚持二者辩证统一，而不能单独只看动机，忽视效果或只看效果忽视动机。此外，我们应该注意，企业应该力争做到好的动机出现好的效果，减少或避免好的动机出现坏的效果，或坏的动机出现好的效果等情况，如果企业能够真正拥有“善良意志”，即有“良好的管理动机”的话，即使未出现好的效果，那么它也会在实践中不断进行经验总结，不断创新改进，寻求科学合理的管理措施和方法，最终达到动机和效果的统一。在实践中，企业要依据一定的道德原则和规范客观地进行自身行为剖析与价值判断，从而进行深刻的自我认识、自我调节和自我改进，以便在今后的科技人力资源管理过程中的道德动机确立、道德困境分析、判断以及道德行为选择等时明确方向与目标，提高伦理管理水平。

第二节　企业科技人力资源管理伦理调控模型

一、企业科技人力资源管理伦理建设目标

任何道德行为都是与道德主体利益紧密联系在一起的，是为主体的利益服务的。同样，企业科技人力资源管理伦理建设并不是脱离企业经济利益而单独进行的，相反，它是和员工目标、企业目标达成、绩效提高分不开的，否则就失去了它存在的经济基础。基于此，结合企业科技人力资源管理伦理实际情况，本研究绘制了企业科技人力资源管理伦理建设图（见图 5—1）和关心人、关心绩效与有效人力资源管理关系图（见图 5—2）

如图 5—1 和 5—2 所示，在企业科技人力资源管理过程中，管理伦理建设可能会出现“低伦理”和“高伦理”两种情况，人力资源管

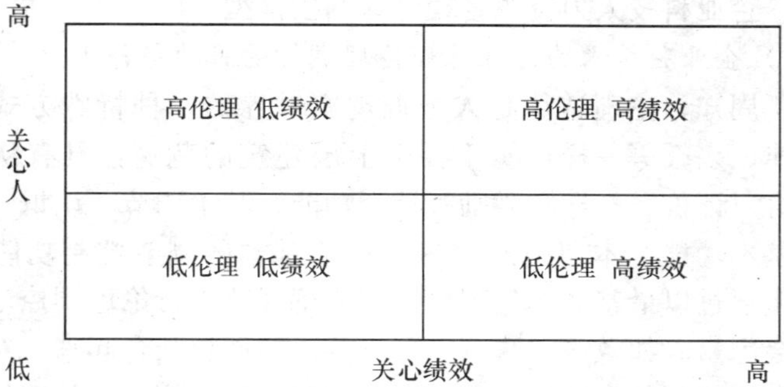

图 5—1　企业科技人力资源管理伦理建设图
Fig. 5. 1　The figure of enterprise HRST management ethics construction

关心人 + 关心绩效 = 有效的人力资源管理伦理行为

图 5—2　关心人、关心绩效与有效人力资源管理关系图
Fig. 5. 2　The figure of caring for people，performance and effective HRM

理绩效和企业绩效也会出现“低绩效”和“高绩效”两种情况；这四种情境组合起来就会出现“低伦理、低绩效”“低伦理、高绩效”“高伦理、低绩效”和“高伦理、高绩效”四种状态；可以确定，高效的、有价值的科技人力资源管理应该达到“高伦理、高绩效”这一状态，它是企业科技人力资源管理伦理建设的最终目标。

由此可见，企业在进行科技人力资源管理伦理建设过程中，既要加强科技人力资源管理伦理建设，做到以人为本，真正关心员工的切身利益与未来成长，又要积极关注企业科技人力资源管理绩效和企业绩效的提升，力争达到“高伦理、高绩效”的状态，使“关心人”和“关心绩效”二者有机地统一起来，既实现企业的目标，又维护员工的利益，以达到组织追求企业绩效与实现价值公平的有机统一。

二、企业科技人力资源管理伦理调控模型

（一）企业科技人力资源管理伦理调控的目的与作用

众所周知，伦理道德是人把握现实世界的一种特殊方式，同政治、法律、宗教等一样，属于社会上层建筑的范畴，具有认识、调节、教育、评价、指导和激励等社会功能，其中调节、认识、教育为道德的基本功能。本研究对伦理道德最基本的调节控制功能进行分析，希望通过以最基本的伦理原则和道德规范进行伦理调控，同时与其他社会因素（如政策、法制、舆论等）的调控结合起来，对企业科技人力资源管理行为进行全面的调节控制，使其能够在效率优先、兼顾公平的前提下，做到以人为本，在人力资源管理的各个环节坚持公平、公开、公正的原则，进行和谐管理、人本管理以及创新管理，从而将企业和科技人员的目标结合起来，提高企业绩效，维护员工的合法利益，实现员工的健康全面发展，勇于承担社会责任，促进社会物质文明和精神文明的建设。

（二）企业科技人力资源管理伦理调控模型

企业科技人力资源管理伦理原则和道德规范是企业进行科技人力资源管理的价值指引的基本准则和依据，但是作为意识形态中抽象的道德原则和规范需要将其融进与企业生产经营密切相关的内外环境及其活动之中，形成相应的内外管理制度和运行规则，使其具有可操作性，真正做到企业科技人力资源的伦理化管理。因此，企业科技人力资源管理伦理调节既包括由政策导向、法制建设、市场规则、舆论引导构成的外部调控体系（道德他律），又包括由管理价值观念、社会责任意识、人本管理理念、企业文化建设、员工职涯规划和组织目标发展构成的内部调控（道德自律），企业科技人力资源管理伦理建设应该由道德他律逐渐发展为道德自律，由道德外在约束、道德引导转变为道德主体的内在约束，由道德义务（他律集中体现）向道德良心（自律集中体现）过渡。企业科技人力资源管理伦理调控模型结构如图 5—3 所示。

首先，企业外部环境对其科技人力资源管理的伦理道德调控（道

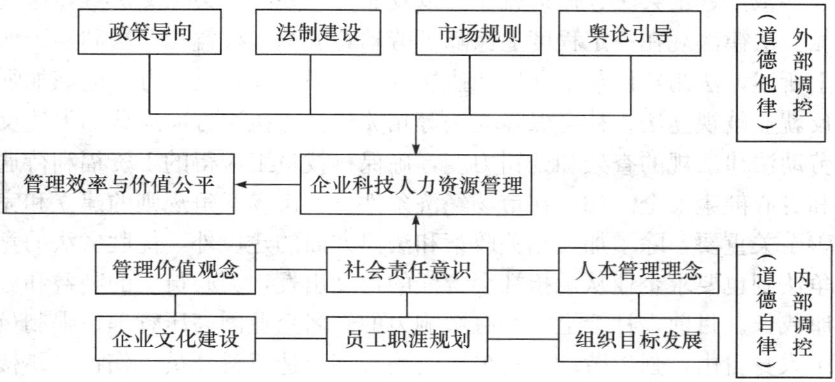

图 5—3 企业科技人力资源管理伦理调控模型结构

Fig. 5. 3 The figure of controlling model integrated of enterprise HRST management ethics

德他律)：包括政策导向（政策方针制度引导)、法制建设（相关劳动立法和执法建设)、市场规则（优胜劣汰)、舆论引导（科技伦理、管理伦理建设与宣传）等因素。(1) 在政策调控方面，主要涉及国家和地方政府在制定政治、经济、文化等领域的政策及制度时，应该以加强企业内部的人本管理为价值导向或主线，在制定相关政策或制度时，对企业的科技人力资源管理伦理建设给予充分关注，鼓励支持企业勇于承担社会责任，实现以德用人、以德育人、以德管人、以德留人等伦理管理，开展企业人力资源的和谐管理；此外，党的政策或各领域相关制度可以规定及采取相关措施来引导企业进行人力资源伦理管理，可以在政策或制度中规定奖励伦理管理榜样或典型、鞭策一般或落后、惩处违背伦理道德甚至违法犯罪等人力资源管理行为。法制建设对于加强企业人力资源管理伦理假设上是非常必要的，可以说是最低的伦理道德要求的一种反应。(2) 法制建设方面应着重加强与企业人力资源管理密切相关法制的立法和执法建设，如和企业科技人力资源管理密切相关的企业法、公司法、劳动法、劳动合同法、劳动争议仲裁法、工会法、促进就业法以及非常重要的社会保障法等，这些相关法律法规在一定程度上保障了劳动者的基本权益和合法利益。如上所述，法制建设包括立法和执法方面加强建设，立法方面应该加强反就业歧视立法、社会保障立法等相关建设，执法方面应该加大违反劳动法律法规的查处和处罚力度，确保科技员工应得的工资福利待遇和身心健康安全。(3) 在市场经济条件下，市场竞争规则的建立和完善至关重要，除了加强相关政策和法律方面的建设外，优胜劣汰的竞争法则也要求企业从承担社会责任的角度出发，关心员工的利益和健康成长。目前，社会上一些有影响力的知名企业因高压管理、限制员工人身自由、强迫劳动、拖欠工资薪酬甚至造成科技员工伤亡、跳楼自杀的现象必将会受到法律的严惩，同时也给自己带来巨大的经济利益和社会效益的损失，丢掉自己应有的市场和份额。此外，市场经济也会淘汰那些因缺乏人性管理而造成科技员工满意度低下、工作积极性主动性降低、缺少创新动力、生产效率低下的企业主体。因此，建立一个公平竞争、勇于创新、关爱员工、承担社会责任的市场规则及体系至关重要。(4) 在道德评价方面，大众舆论是社会对企业进行评价的一个主要方式，包括口头评论和宣传工具两个方面，它代表了广大群众的意志和价值取向，是人民对个体或群体行为进行的善恶评价，具有强大的力量和特殊的权威性，对于加强企业人力资源管理伦理道德建设具有重要作用。加强大众舆论的社会评价作用，特别是新闻媒体的宣传作用，对提高企业人力资源管理道德水平，树立良好道德动机，做出正确道德行为，抵制社会中多数企业种种不道德的人力资源管理行为，具有十分重要的作用。因此，要积极加强舆论媒体的宣传工作，如加强报纸、广播、电视、网络等媒体建设宣传工作，开展正确的社会舆论导向工作，树立良好的企业人力资源管理道德典范，可以使企业人力资源管理伦理水平得到较大提升和进步。

其次，企业内部活动的科技人力资源管理的伦理调控（道德自律）：包括融伦理原则和规范于其中的企业管理价值观念、经营宗旨、组织目标、管理者素质、组织文化、社会责任意识、员工职业生涯规划等。（1）管理价值观念主要是指企业对于科技人力资源管理行为是否进行道德价值上的思索，是否意识到科技人力资源管理的功利性和道义性、为人性和人为性以及他律与自律性？如何进行科技人力资源管理行为道德价值上的思考？如何看待科技人力资源管理的道德的价值功能？或者说企业及其管理者是否从伦理道德的角度认识到了伦理道德的管理功能和价值功能，是否意识到了伦理道德能够提高管理的效率或管理的有效性？企业是否具备一定的科技人力资源管理伦理动机、管理意识，并在其影响下进行一系列的管理伦理决策，建立良好的管理伦理关系，开展相应的管理伦理活动。一个企业如果在科技人力资源管理过程中，能够意识到伦理道德在其管理过程中的重要意义，能够看到伦理的内在价值功能，正确看待科技人力资源管理的功利性与道义性、为人性和人为性以及他律与自律性之间的关系，并将其有机结合起来，认识到管理的伦理属性及伦理的管理功能，管理是外在的伦理，伦理是内在的管理，那么企业就能够将管理效率与价值公平有机结合起来，树立良好的科技人力资源管理伦理观念，做出符合伦理原则和规范的科技人力资源管理道德行为。（2）在社会责任意识调节方面，作为社会公民，企业对社会应承担一定的责任，在物质文明建设方面，应该为社会生产出更多优质的产品，丰富人们的物质需求；在精神文明建设方面，应该意识到保护环境、培育人才、遵纪守法等职责和义务。此外，建立相应的社会责任自律制度，尤其在人力资源管理过程中，注意培养人、教育人的重要责任，提高科技人员的技术水平和道德层次，以提高管理伦理建设水平。（3）从人本管理理念角度来看，企业在进行具体的科技人力资源管理过程中，应该时刻意识到人是企业的主体，是企业得以产生、发展和持续存在下去的主要力量，应充分地体现出尊重人、爱护人、关心人和照顾人的人本管理思想，树立以人为本的管理理念，从公正、公平、平等的角度去进行伦理管理，不能只把人看做是达到企业目标实现的工具，要充分意识到人既是生产的工具，也是管理的目的，深刻意识到人才培养的重要社会责任，保证个人的健康全面发展，这也是开展科技人力资源伦理管理最重要的基本理念和出发点。（4）在企业文化建设方面，从内容上看，涉及企业的最高目标和经营宗旨、共同的价值观（企业文化的核心）、企业作风及传统习惯、行为规范和规章制度，以及企业价值观等；从构成结构上来看，企业文化可以分为物质层、制度层、精神层三个层次；企业应该建立良好的企业文化制度，在企业物质层、制度层和精神层面的科技人力资源管理各个环节中，要始终体坚持以人为本、公平公正、兼顾效率与公平、互利共赢、公正公开、透明原则及内部责任原则，体现出企业的和谐管理、民主管理、责任管理及创新管理等伦理特征，注意加强企业伦理道德形象的宣传和建设，这样的企业文化自然对科技人力资源管理伦理行为起到良好的引导作用。（5）从员工职业生涯规划角度来看，科技企业不仅要实现自己的发展目标，还要积极开展科学合理的科技员工职业生涯规划，帮助员工实现其发展目标。企业在关注人的发展方面，企业要将组织目标与科技员工目标结合起来，结合科技人员自身实际情况，为其设定合理目标；为科技人员设计管理系列与技术系列发展相结合的双向职业发展通道，给科技人员更多的选择机会；此外，还要关注科技人员的全面发展，包括关注自身的健康成长，提高科技人员道德品质培养，进行智力开发等方面，这样的科技员工职业发展规划自然会为企业科技人力资源管理伦理建设带来益处。（6）在组织发展目标管理方面，企业不仅要关注经济利润目标的实现，还应该设定蕴涵伦理价值为出发点的宏伟目标，以引导企业、科技员工和社会的良好价值导向。如像爱国者一样致力于发展民族品牌的为国人创造高端品质、经济实惠产品的企业发展目标，像海尔一样关注消费者利益“真诚到永远”“为您着想”“永创新高”为出发点的崇高目标等。这样的目标无疑会有利于企业科技人力资源管理伦理建设。

第六章

企业科技人力资源管理伦理建设总体策略

在企业科技人力资源管理伦理建设的过程中，始终要坚持效率与公平兼顾的原则，要积极关注科技人员潜力的发挥和挖掘，为企业目标的实现做出贡献，提高企业的企业绩效，增强其社会竞争能力，同时也要注重对科技人员进行以人为本的人力资源伦理化管理，注重公平公正的人力资源管理，加强企业科技人力资源管理伦理建设，促进社会和谐建设。因此，在进行企业科技人力资源管理伦理建设时，严格遵守人力资源管理伦理原则和规范，注意伦理道德行为选择和道德评价方法；企业科技人力资源管理伦理建设过程中要坚持动机论与效果论的辩证统一，既注重动机的考察，又注重对行为效果的检验，二者应该辩证统一起来。在企业科技人力资源管理伦理建设过程中，要加强动机方面的建设，能够真正做到既考虑企业利益，也考虑员工利益，行为上也能够从这个动机出发，在人力资源管理的各个环节都能够坚持伦理原则和道德规范，进而达到动机和效果的统一，即好的动机出现好的效果，减少或避免好的动机出现坏的效果，或坏的动机出现好的效果，或坏的动机出现坏的效果。

企业科技人力资源管理伦理要遵循企业科技人力资源管理伦理建设指导模型，如图 6—1 所示，企业应确保科技人力资源管理伦理建设过程中，科技人力资源管理伦理建设与企业绩效有机结合在一起，既要注重提高企业绩效，也要注重加强科技人力资源管理伦理建设，努力争取达到企业高绩效，科技人员管理高伦理的最佳状态，即“高绩效、高伦理”，而不是下列图示中的“低绩效、高伦理”“高绩效、低伦理”或者“低绩效、低伦理”状态。企业科技人力资源管理伦理建设最好是在第一象限呈直线45°角的上升趋势，以达到二者的平衡。

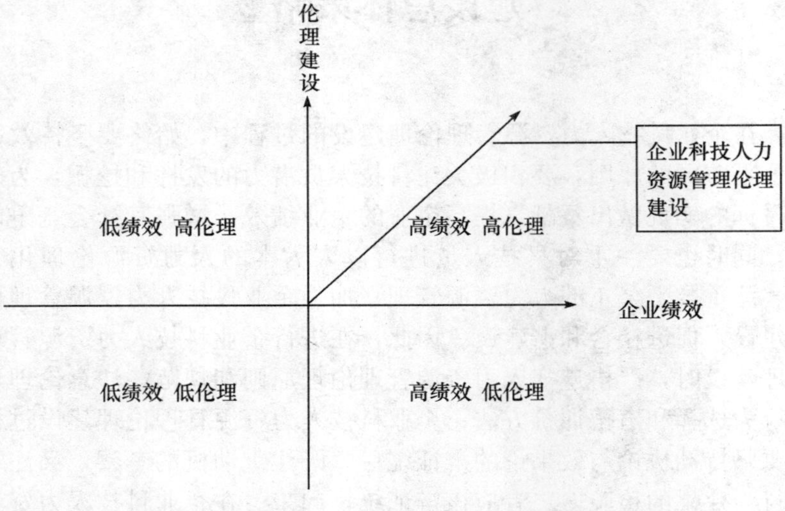

图6—1 企业科技人力资源管理伦理建设指导模型

Fig. 6. 1 Guidance model of enterprise HRST management ethics construction

基于上述科技人力资源管理伦理原则、伦理规范和伦理建设指导模型，结合多数科技型企业的实际情况，在关心人、尊重人、发展人的“以人为本”的伦理原则指导下，企业科技人力资源管理伦理建设应该树立“绿色效益观”，即企业科技人力资源管理要朝着“健康、和谐、发展”的方向努力，为了更好地实现这个绿色目标，在企业科技人力资源管理伦理建设中应该注意以下几个方面。

第一节 加强以企业履行社会责任为主导的伦理监督管理

企业的社会功能不仅在于为社会创造巨大的物质财富，满足人们的物质需求，改善人们的生活水平，提高人们的福利待遇，推动人类社会物质文明建设；还在于企业应承担一定的社会义务，履行自己的应尽的社会责任，如积极保护人类生存环境、促进科技伦理建设、加强人力资源的伦理管理等，进而创造巨大的精神财富。在企业经营发展过程中，尤其以人为本、尊重员工、实现员工目标的义务更加重要，这在一定程度上也可以说是履行社会责任中的一个重要方面。我国企业在进行科技人力资源管理过程中，要想履行这方面的责任和义务，需要做好以下几项工作。

首先，建立企业人力资源管理的伦理监督评价制度，完善企业社会责任标准体系。

道德的调节功能有时是和其他社会要素功能结合在一起进行的，而不是单独由其本身开展的，企业人力资源管理的伦理调控监督制度的完善包括下列几方面：一是国家相关部门或地方政府可以制定并宣传企业人力资源管理道德公约或企业社会责任标准体系等伦理规范，形成切实可行的具体评价标准。在这一方面，应积极倡导科技企业实行人本管理，尊重员工，爱护员工，勇于承担社会负责，并建立专项鼓励基金，对实行伦理管理典型或模范企业给予表彰或物质奖励，在全社会范围内宣传引导，对严重违反伦理道德原则和规范的造成重大责任事故的则进行批评和处罚等。企业伦理监督评价制度的建设可以参考世界范围内通行的一些国际社会责任规范，如目前在国际上比较有影响力的企业人力资源管理责任规范包括社会责任标准（SA 8000）、ISO 26000 标准、联合国全球契约、OECD 跨国企业行为准则、ICCR 全球企业责任准则和国际劳工标准等，其中与企业人力资源管理密切相关的企业社会责任标准制度（SA 8000）、

ISO 26000 标准、国际劳工标准、全球契约标准等企业的人力资源管理行为做出了道德上的相关要求和具体规定，见表 6—1（喻剑利、曲波，2010）。SA 8000 是目前国际社会公认的不断加强企业人力资源管理道德规范认证的重要制度，我国已有 8 000 余家企业接受了国际社会 SA 8000 企业社会责任监督及审核。SA 8000 即“社会责任标准”，是根据国际劳工组织公约、世界人权宣言和联合国儿童权益公约制定的全球首个道德规范国际标准；该制度一方面确保供应商所提供的商品符合社会责任标准的要求，另一方面还体现在保护企业内部劳工的合法权利和利益，如对企业的人力资源管理要求包括下列相关内容：（1）不得使用或者支持使用童工；（2）不得使用或支持使用强迫性劳动；（3）应尊重所有员工结社自由和集体谈判权；（4）反歧视原则；（5）不得从事或支持体罚，精神或肉体胁迫以及言语侮辱；（6）为员工提供安全健康的工作环境和安全卫生的生活环境；（7）制定公开透明、符合社会责任与劳工条件的管理政策等；ISO 26000 标准包括有关人权、劳工实践、组织治理和公平运作实践的规定；联合国全球契约包括 2 项人权原则、4 项劳工原则；国际劳工标准的内容包括废除强迫劳动公约、结社自由和保护组织权利公约、集体谈判权公约、同工同酬公约、歧视公约、最低就业年龄公约以及最恶劣形式童工劳动公约等相关规范。由此可见，上述规范均体现了对企业人力资源管理的基本伦理要求，制定了相应的管理制度，旨在保证企业内部人力资源管理的伦理建设，尤其是其中的有关歧视、工资、工资时间、健康与安全等都充分体现了对员工权利的尊重与保障，这也使得企业能够在人力资源管理方面符合道德的原则和规范。我国现阶段应该建立和完善类似上述相应的伦理监督管理评价制度，确保有章可循、有法可依。

二是国家制定的旨在保护劳动者合法权益的、最基本的法律保障制度应进一步加以完善，并要求企业严格遵照执行。企业伦理道德建设是一种心理建设和文化建设，主要诉诸舆论和良心，但离不开法律的制约。法律法规对人们行为制约虽然不属于企业伦理道德范畴，但

却具有伦理道德建设的促进作用。企业在法律的约束下规范行为持久

表 6—1 企业社会责任标准体系对企业人力资源管理的相关规定

Tab. 6. 1 The relevant provisions of the standard system about corporate social responsibility of enterprise HRM

企业社会责任准则	人力资源管理要求	人力资源管理职能
SA 8000	禁止童工使用	招聘用人
	禁止强迫性劳动	培训发展
	健康与安全	薪酬福利
	禁止歧视	招聘用人
	惩戒性措施	工作设计
	工作时间	工作设计
	工资报酬	薪酬福利
ISO 26000	人权和劳工操作准则	劳动关系
国际劳工标准	最恶劣形式童工劳动公约	招聘用人
	强迫劳动公约	招聘劳动
	组织和集体谈判权公约	民主权利
	同工同酬公约	薪酬福利
	废除强迫劳动公约	劳动关系
	就业和职业歧视公约	招聘用人
	最低就业年龄公约	招聘用人
联合国全球契约	切实废除童工	招聘用人
	企业应当支持结社自由并切实承认集体谈判的权利	民主权利
	消除一切形式的强迫劳动和强制劳动	薪酬福利
	消除就业和职业歧视	招聘用人

资料来源：喻剑利，曲波. 社会责任标准体系下的我国中小企业人力资源管理策略，2010

以后，就会形成具有伦理道德性质的传统习惯，法律的约束就转化为企业的自我约束。我国目前与科技人员管理密切相的各项法律法规制度，如公司法、企业法、劳动法、劳动合同法、社会保障法（包括社会保险、社会福利、社会救助、社会优抚等）和就业促进法等一系列劳动相关法律法规体系尚不健全，在立法和执法方面还存在大量问题。因此，应该进一步健全和完善现有与人力资源管理相关的法律法规，抓紧制定反就业歧视法律制度，并加大相关法律法规的监督和执法力度。这些法律法规是社会以及企业保障劳动者合法权利的最低要求，也是践行人力资源伦理管理最起码的要求，如果一个企业连这一点都做不到的话，那么企业更无法进行更高层次的人力资源管理伦理建设，也就无法更有效地发挥挖掘员工的内在潜力，以获取更高的工作绩效，无法实现企业的理想目标。在这些方面如果能够更全面科学地进行建章立制、完善其执行机制是做好劳动者维权工作的重要保证和前提。

其次，建立企业科技人力资源管理伦理监督机构。

目前，我国急需建立完善企业科技人力资源管理伦理监督机构，并扩展其伦理监督职能，完善企业科技人力资源管理伦理建设的保障职能。在宏观层面，政府相关部门如国家和地方科技局、科技协会、工会部门、劳动行政机构及司法机构（如法院、检察院等）等应履行企业科技人力资源管理伦理的监督职能，或者成立具备相关职能的监督管理机构，如美国的联邦惩戒委员会，可以对违反伦理道德的科技人力资源管理行为提出批评或制裁，并建立实行“黑名单”制度，我国可以参照建立“伦理监督委员会”或“企业管理委员会”等相应机构，以专门负责该方面问题的解决和处理，并及时向社会公布和宣传。需要强调的是，现代信息媒体事业的高度发达和媒体机构监督功能的不断扩大，使企业人力资源管理行为的透明度越来越高，管理伦理监督机构的监控与引导作用也越来越突出；伦理监督机构只要认真履行本身职责，不断加大监督力度，违背社会主义伦理道德的科技人力资源管理行为就会无立足之地。此外，民间可以成立一些社会监督团体，如美国伦理管理协会等，我们也可以相应地成立人力资源伦理管理协会，支持和帮助该领域的伦理建设。再者，企业自己内部也可以建立一个独立的伦理管理监督机构，如可称为企业伦理道德委员会、人力资源管理伦理委员会等，由员工代表和企业代表组成的企业伦理道德委员会，可以独立调查和处理科技人力资源管理伦理问题，以加强对企业科技人力资源管理的伦理监督和奖惩等工作。

国家及省市科技协会以及微观层面的企业科技协会应积极维护科技工作人员的合法及正当权益。在宏观层面，我国部分省市科协部门成立了维护科技工作者权益工作委员会，有的还制定了《来访接待处理工作细则》《处理科技工作者来访工作暂行办法》等，积极建设“科技工作者之家”，并且成为一些城市科协部门常抓不懈的一项工作，在工作实践中得以有效贯彻，提高了科协的社会影响力和凝聚力，如中航第一集团航宇救生装备有限公司科协机构按照中国科协关于“先进科技工作者之家”创建标准的要求，通过慰问科技人员、看望生病的科技人员、组织科技人员休假、对高级技术人员进行问卷调查等活动的开展，在科技人员中产生了积极影响，并且以点带面，“建家”工作形成制度化、常态化。这些做法有利于调动科技人员积极性、主动性，充分开发其工作潜能，更好地开展企业科技人力资源管理伦理建设，有利于员工和企业目标的实现，促进整个社会的健康发展。在微观层面，尤其是在非公有制企业内部，要积极建立和完善企业本身的科技协会组织。目前，一些非国有企业虽然靠“感情留人、事业留人、待遇留人”的“三留人”政策及制度留住了一些核心科技人员，增强企业凝聚力，调动了科技人员的热情和积极性，但是作为被雇佣者，相对于国有企业科技人员“主人翁”地位的员工们相比而言，这些非国有企业的员工始终有些失落和忧虑，迫切希望企业能够建立内部科协组织来维护切身利益，成为自己的“家”，成为被企业和社会认可的一支重要力量，也希望改变目前只有1%～2%的非国有企业建立科协组织、不能有效维护自身利益及适应非国有企业发展的局面。现阶段科协工作开展的较好的企业做法多是坚持以人为本，积极为科技人员做好服务工作，如摩托罗拉公司的科协为员工积极开展职称评定、技术研讨、学术交流、论文评定及加强科技人员对外交流与培训等方面的工作；福建晋江洵兴集团每年都专门分配给科协一定比例的名额，奖励成绩突出的科协会员等。通过这些工作的开展，使企业科协受到科技人员的欢迎，赢得了他们的信任，提升了企业的凝聚力。

再次，明确进行管理伦理监督的对象和内容。第一，要明确进行伦理监督管理的对象主要是科技型企业，此外也包括拥有科技人力资源的普通企业；第二，监督的主要内容是这些企业对其科技人力资源进行管理时是否遵循相应的伦理原则和道德规范，如是否做到了以人为本的管理，绩效考核是否公平、公正、公开，管理方式是否民主科学，薪酬福利是否科学合理，工作环境是否健康安全，以及是否开展了员工职业生涯管理等，还可以考察企业是否有违反劳动法律法规、社会保障制度等现象。

最后，做好管理伦理监督评价工作，明确具体制裁措施和惩戒方法。一是伦理监督机构和社会舆论要科学合理地对这类违反伦理道德原则和规范的科技人力资源管理现象进行道德评价，明确其违背道德规范而带来的损害程度和后果，给予准确定性，作为制裁或惩戒的前提；二是对违背企业科技人力资源管理伦理原则及规范的企业应明确并实施具体的制裁措施或者惩戒方式，如要求企业严格依法履行规定劳动法律法规相应规定，积极履行社会保障义务；如有违法情况，应严格依照法律法规之规定进行双重处罚：对企业进行经济处罚，严重后果的对主要责任人采取刑事制裁措施；同时要求其在社会层面上接受舆论谴责和通报批评，并表示道歉；行政机关应该依照行政管理法规要求企业限期改正，甚至处以停产整顿等措施进行严厉制裁。

第二节　开展以伦理价值为核心的企业文化建设

一个企业伦理氛围建设对企业进行伦理管理至关重要，尤其对企业科技人力资源的伦理管理来说更是不可或缺的，企业文化恰是建设良好的伦理氛围的重要手段和方案，对企业进行伦理管理有重要的影响和意义。企业文化主要是指企业在长期生存和发展中所形成的，为本企业所特有的，且为内部多数成员共同遵守的最高目标、经营宗旨、价值标准、基本信念和行为规范等的总和。企业文化是企业的灵魂，深刻影响企业的发展，对于组织成长以及绩效提升有着重要的作用，因此，多数学者如 Schein（1985）、Kopelman（1990）、Ostroff &Bowen（2000）等都选择组织文化作为人力资源管理与组织绩效的中间变量进行研究。企业文化具体包括企业的最高目标和经营宗旨、共同的价值观（企业文化的核心）、企业作风及传统习惯、行为规范和规章制度，以及企业价值观的物质载体等内容。从构成结构上来看，企业文化可以分为物质层、制度层、精神层三个层次。因此，从这个角度来看，以伦理为中心的企业文化建设就是在企业物质层、制度层和精神层的建设过程中要坚持以人为本、公平公正、兼顾效率与公平、互利共赢、公正公开、透明及内部责任等原则，同时积极遵循和谐管理、民主管理、责任管理及创新管理等道德规范。要形成良好的企业伦理管理氛围，从企业文化建设方面应注意做好以下几个方面的工作。

首先，从企业文化建设主体来看，企业领导者、管理者与科技员工等都是进行企业文化建设的主体。企业的领导者，是企业文化的创建者、维持者和变革者，要从尊重员工、民主平等、公平公正等伦理角度出发，身体力行，建设企业文化、宣扬企业文化，领导者的身体力行是凝聚企业员工的核心力量；诺基亚董事长兼首席执行官约玛·奥利拉每次到中国访问时，从未有过“前呼后拥”陪伴的现象，充分体现了其尊重员工、平等相处、民主沟通、重视团队合作的优秀伦理文化精神。管理者是践行企业文化的中间媒介和主要环节，负责将具有伦理特征内涵的企业文化从领导者那里理解和分析，向员工进行宣传介绍，使员工能够达到理解和认同，起到承上启下的作用。科技员工更是企业文化的基层实践力量，他们能够将企业文化的精神和内涵融会贯通，并渗透到自己的实际工作之中，对企业负责、对社会负责。

其次，从企业文化建设内容来看，要加强以伦理价值为核心的企业文化建设。在这方面，主要是加强企业的经营宗旨、人本管理理念、价值标准、基本信念及行为规范等方面伦理建设，并且这些内容能够体现在以伦理价值为导向的企业科技人力资源管理过程中，展示以人为本、公平公正、公开平等及和谐管理等伦理精神。以伦理为核心的企业文化建设结构同样也应该包括物质层、制度层、精神层三个层次方面的建设：（1）从物质层面来看，首先要指导物质层为表层部分，它反映企业经营思想、工作作风、管理哲学和审美意识等，包括：①厂容厂貌，如建筑、绿化等；②技术设备与工艺特点，如机器、工具、仪表等；③纪念物、组织标志：如雕塑、纪念碑、标准色等。在这些物质层面的建设过程中，均要体现出重视科技人才，以人为本的一些特征等；（2）从制度层面来看，制度层是中间层次，主要包括：①工作制度（如生产、销售、财务、人事、设备管理及奖惩制度等）；②责任制度（如干部、职工、部门责任制等）；③特殊制度（如非程序化制度、民主评议干部制度等）和特殊风俗（如特有的典礼、仪式、特色活动等）；④行为规范（如着装、仪表、礼节规范等）。这些制度的制定和完善应该时刻以人科技人力资源为出发点和目的，把伦理精神体现在反映制度建设的文化手册、规章制度、员工形象、员工状态、精神面貌之中；（3）从精神层面来看，其主要包括组织的最高目标（如组织愿景等）、组织经营哲学（如优良经营理念、意识等）、组织核心价值观（如价值观念、基本信念、组织精神等）和组织风气（如铁人精神等）等内容。精神层面是观念层和最深层的企业文化建设，是企业文化的灵魂和核心。在企业文化精神层面伦理道德建设做得比较成功如 IBM 公司的企业核心价值观体现了尊重个人、争取优胜、提供优质服务的作风；“惠普作风”的核心文化也展示了尊重个人的价值和尊严；摩托罗拉内外以最大限度的坦白、诚实、公正、无私和尊重对待每个员工；诺基亚积极倡导的公开、平等的企业文化管理理念，使企业内部上下级之间能够平等进行沟通，避免了等级森严现象，员工有问题可以越级沟通，每年由第三方开展员工意见或建议调查，并开展内部非正式讨论，员工可以自由在企业网站匿名发表意见和建议等。

最后，应注意加强企业伦理管理形象的设计与宣传工作。企业文化是企业内在价值观念的根基，企业形象则是企业文化的一小部分，如同深海冰山的一角，在其下面是巨大身后的企业文化基础。企业形象是企业文化的外显，是企业在管理理念、价值观念、企业目标等价值方面的体现，是企业基于外部市场正面的伦理管理信号和标志，体现了企业的目标设计、精神追求及行为方式的价值内涵。因此，企业伦理管理形象在对外方面要充分利用大众媒体、新闻广告等宣传手段和工具，让外界了解企业在科技人力资源伦理管理的良好表现，使其对企业的伦理管理留下深刻的印象，对社会范围内的道德建设起到促进作用。此外，企业伦理管理形象必须做好维护和发展工作，维护是指在企业的生存发展中保持、巩固已有的良好伦理管理形象；发展是指企业与时俱进，根据时代对道德的新要求，不断改造更新的伦理管理形象。良好的企业文化是使企业伦理形象之树不败的最好土壤。因此，当企业形成了良好的伦理文化氛围，坚持以人为本的科技人力资源管理理念，不断开拓创新，建立维护良好的企业伦理管理形象，就能够不断提高企业科技人力资源管理伦理的水平和层次。

第三节　进行以个体道德素质提高为根本取向的培训与教育

培训和教育可以使社会生活中的个体不断增长技能，提高其道德水平，提升综合素质，成为社会所需要的人才。2003 年 12 月，胡锦涛总书记在全国人才工作会议上为人才的定义指明思路，他说："要把品德、知识、能力和业绩作为衡量人才的主要标准，不唯学历，不唯职称，不唯资历，不唯身份。"国际高科技企业的龙头老大 IBM 在开展科技人力资源培训教育工作时，首先强调培训要达到科技人员的“1I+3C”的标准，“I”指的是个人的“道德品质”，3个“C”分别代表“协作”“沟通”和“工作投入”；IBM认为，一个人的品德是最重要、最关键的，技能、工作方法都是后天可以学到的东西，由此可见，有影响力的企业对员工个体道德水平的最基本要求。在科技型企业中，培训是科技人力资源管理的一个重要环节和活动，其本身承担将入门员工培养成熟练工作人员的重要任务和职责，同时也是对科技员工和企业负责并有益处的一种良性行为，它有利于提高科技员工的专业素质和综合素质，有利于提升其专业技能和水平，提升其工作绩效，以促进企业目标的实现，并使企业及其科技员工能够勇于承担社会责任、维护和谐社会建设等。从科技员工发展的方面来看，培训也是对科技员工的发展负责的一种组织行为，是一种使科技员工能够接受再教育的有利于其成长的行为，从这个角度来说，培训也是一种伦理行为，培训本身也是一种科技人力资源伦理管理活动，它促进了个人的全面成长，这一点是不容忽视的。此外，培训也是给予员工的一项重要福利待遇，在有限的名额范围内接受更深层次的专业技术教育或学历学位教育，以提升其技术水平和专业技能。基于此，企业在进行培训对象选择与确定方面，要结合客观条件，坚持公平、公正、公开的原则，进行培训对象的确定和培训内容的选择。在这方面做得较好的企业如摩托罗拉对技术员工积极进行道德品质培训，松下开展了以质量为核心的技能和服务培训，IBM开展了以服务为核心的科技人员责任培训，WAI进行了以价值观为核心的培训，波音开展了以人为本的培训以及强生开展的以社会责任为核心的伦理培训模式等；此外，我国荣事达企业拟订了《企业竞争资料宣言》以强调技术人员的道德培训和技能培训，大连天途有线电视责任公司拟订了详细伦理培训方案和计划、设立了员工伦理培训机构、编写了培训手册，深圳市百家企业开展的职业道德培训使深圳市成为国内企业伦理道德培训的典范。

首先，从培训内容上看，应注重加强伦理道德素质方面的培训和教育。从多数调查企业的培训内容来看，大多数科技型企业更加注重员工对于企业规章制度、工作流程等的认知和遵守程度，此外还包括一些有关如何更好地开展其本职工作的专业技能培训，缺少价值观、世界观和人生观方面的品质道德、思想觉悟方面的培训，也缺少对科技员工进行职业道德、敬业精神、创新能力及方法论方面的培训，缺少心理知识教育与辅导方面的重要培训。因此，对于企业科技人力资源管理来讲，除了开展制度及技能层面的培训外，还要积极开展符合社会道德要求的伦理价值观念的认知教育。

其次，培训对象应该科学合理界定，包括企业领导者、科技人力资源管理者和科技员工本身。目前，多数科技型企业已经开展了对新技术员工和在职员工的培训工作，多数企业中由人力资源部负责此项工作；同时也有部分科技型企业采取外包培训的方式对技术员工进行培训，将培训内容方案等交给专业培训机构，由培训机构对其技术员工进行培训。在培训对象方面，个体道德素质的提高包括科技人力资源管理者道德素质和科技员工个体道德素质的提高。因此，在培训对象方面，具体划分主要有三个方面，一是对于领导者进行伦理培训，二是对科技人力资源管理者进行培训；三是对科技员工进行培训。不同层次人员的培训内容应有所不同：（1）领导者主要是进行管理伦理方面的培训，如在制定组织战略、明确管理方式、进行组织决策等过程中能够体现以人为本的伦理价值观念，遵循伦理原则和道德规范，遵守相关法律法规，如消费者权益保护法、环境保护法等，努力实现科技员工目标，履行社会责任和义务等。（2）科技人力资源管理者的道德素质提升至关重要，其伦理道德层次及水平对企业伦理行为及其管理效率将产生至关重要的影响（Trevino L K，Weaver G R，Gibson D，Tof－fler B，1999）。科技人力资源管理者在进行科技人力资源管理过程中面临着双重价值的选择，一方面是要为企业的绩效提高和长远发展为出发点，注重效率方面的管理；另一方面是要以职业道德为标准，注重伦理价值建设；也就是说，既要维护企业的利益，又要维护科技员工的利益，而将这两个利益有机结合起来并不是一个很容易的问题。因此，对于中层管理者，则要求既能够很好地传达上级精神，又能够以科技员工为本，做到公平正派、科学合理，时刻以科技人员为中心，及时进行有效沟通，既能够准确无误地将领导的信息和任务准确理解和及时下达，也能够将下属工作情况如实汇报和传递，使科技员工能够信任和支持；同时在科技人力资源管理的各个具体环节过程中能够主动考虑社会责任，及时发现违背公平公正原则的各类伦理问题，防止科技人力资源管理伦理问题给科技员工、组织以及社会带来不利影响；科技人力资源管理者还应该学会如何应用公认的伦理守则去解决企业中实际发生或者可能发生的伦理问题，减少从事不道德管理行为的动机。提高科技人力资源管理者的伦理道德素质至关重要，建议可以对科技人力资源管理者的执业资格进行认证，建立科技人力资源管理者的职业操守信用评价体系，让不符合伦理道德标准的科技人力资源管理者无法进入这一职业群体。(3) 对于基层科技人员，应该努力提高其科技伦理道德意识，使其意识到其工作将给社会带来的贡献和责任，能够遵守科技伦理原则及规范，努力学习相关的法律法规、增强社会责任意识等；此外，科技人员的培训力争使每位员工都能明确自己的任务、目标，并提高从事科技工作所需的技能，在实践中能充分发挥其积极性、主动性和创造性，不断提高其业务水平和工作绩效，增强其在业务上的成就感和专业上的满足感，使员工能够得到充分的发展并为公司创造最大的价值。

再次，从道德培训及教育的方式上看，结合当今社会政治、经济、文化及社会风气、习俗等方面的影响，为解决企业管理者及科技人员因受消极社会因素影响而形成的低级道德层次与先进社会所需求的高尚道德层次之间的矛盾，可以采取道德教育和道德修养两条有效的根本途径。(1) 道德教育是企业管理者或科技员工所接受的一种外在的道德学习的被动受教育过程，企业内部部分人员因缺少提升道德素质方面的基本教育知识和实践能力，需要教育主导者将相关的道德知识和实践能力灌输给受教育者，这样可以使企业相关人员在较短时间内掌握更多的伦理道德知识，提升自己的道德认识，做出正确的道德决定和道德行为。在道德教育方面，可以对管理者和科技人员采取立体多面法（包括道德认识、道德情感、道德意志、道德行为、道德习惯教育等）、典型示范法（以良好的企业科技人力资源伦理管理案例进行教育，如摩托罗拉、海尔等管理案例）、社会舆论教育（社会舆论对于富士康、华为等科技人力资源管理事件的评价及影响）以及最基本的法治教育（违反劳动法律法规受到处罚的案例）等。（2）道德修养则是指企业内部受教育者（管理者和科技人员）的一种内在的道德知识学习和道德实践能力提升的主动受教育过程。正如毛泽东说过："唯物辩证法认为外因是变化的条件，内因是变化的根据，外因通过内因而起作用。"因此，内在的道德修养是企业管理者和科技员工掌握道德知识、提升道德实践能力的主要途径和方法，对于企业和个体的道德决策和道德行为来说至关重要。道德修养主要是指受教育者在道德认识、道德情感、道德意志、道德品质、道德习惯及道德行为等方面主观能动地进行的自我调整、自我改造、自我管理、自我锻炼和自我培养过程。道德修养的方法主要包括道德知识系统学习的方法（即"知识即美德"，通过对伦理道德知识的学习有助于美德修养和灵魂净化）、内省自检方法（通过内省或"慎独"方式总结"善行"，克服"恶"即不良动机和念头）、勇于道德实践以及不断积累方法等（不积跬步，无以成千里，实践中只有不弃小善，才能积成大德）。（3）道德教育和道德修养应有机结合起来才能达到良好的效果。正如罗国杰所强调的那样，道德教育是外部条件，道德修养是内部根据，只有这样才能提升企业科技人力资源管理者和科技人员的道德品质和水平。从外因和内因相结合角度出发进行道德教育与道德修养，也是由人的社会属性决定的。企业管理者和科技人员认真接受道德教育，努力提高道德修养，不仅是对企业管理行为负责，也是对整个社会负责的体现。

最后，需要注意的是，在对个体进行道德培训的时候，应该注意合理分配指标，做到机会均等，而不能只集中在少数人身上，这也是目前企业科技人力资源培训应该注意的一个主要问题。企业进行伦理培训方式多种多样，如可以采取制定宣传手册、开展讲座培训、进行示范、辅导、导师（师傅）指导、授课、开展研讨和案例分析等方式进行；同时要注重伦理培训效果的反馈工作，可采取单向反馈、双向反馈、正式反馈、非正式反馈以及前期反馈、中期反馈、后期反馈等方式，以使培训效果更加明朗化。

第四节　开展以兼顾效率与公平为理念的绩效和薪酬管理

企业科技人力资源管理伦理建设的重要内容是积极开展以兼顾效率与公平为理念的绩效和薪酬管理，在实现经济目的的同时能够体现伦理道德精神，具体来说，应该做好以下几个方面的工作。

首先，树立效率优先、兼顾公平的管理理念。党的十四届三中全会提出了“建立以按劳分配为主体，效率优先，兼顾公平的收入分配制度”，这里的效率注重社会经济发展指标，公平注重社会价值与和谐建设指标。兼顾效率与公平有两层含义：一是强调企业是追求利润的经济实体，二是追求社会效益的社会实体。企业是一个社会经济实体，其本身关注和追求效率及利润无可厚非，否则本身也无法立足于激烈的社会竞争之中，无法生存；但是，企业作为市场经济的主体，除了追求利润外，其本身也是一个社会责任的承担者和建设者，对于社会精神文明建设起着重要的推动作用，是整个社会精神文明建设的重要力量。一个企业既注重经济利益的追求，又能够加强社会精神文明建设，必然也会给企业带来好的社会影响和声誉，从而进一步提升其综合竞争力，二者相辅相成，辩证统一。因此，企业在追求经济利润的同时，必然要体现其本身的价值，包括在物质建设和精神建设方面的贡献和作用，以加快和谐社会的建设。

从科技人力资源管理过程来看，企业应该坚持效率优先、兼顾公平的原则。效率优先，主要是指在进行科技人力资源管理过程中，要充分保证科技员工的自由参与权利，保证个人努力程度优先，充分尊重个别员工的努力与主动性与积极性，做到确保员工在企业管理过程中能够各尽所能，以能力、绩效为导向，做到按劳分配，提高员工满意度；兼顾公平，主要是指在科技人员管理过程中，能够兼顾机会均等条件下去开展相关工作并获得报酬的分配，企业应该尽量体现每个员工的起点公平，给予每个人充分的机会，像 IBM 一样，在招聘等管理环节过程中，没有性别、学校、专业、学历以及种族等歧视情况出现，只要应聘个体有才能且符合公司相关职位要求，公司都热烈欢迎，公平对待；也像海尔企业所提倡的一样，“有多大能耐，就给你搭建多大的舞台”。科技员工只有在这样的平等基础上才能更好地开展工作，考核的公平价值才能得到体现，避免企业内部科技人力资源绩效和薪酬管理出现伦理危机。在企业科技人力资源管理过程中，尤其是在绩效和薪酬管理两个重要环节过程中，除了追求人力资本的投入成本与人力资本产出的比值（即人力资源管理的经济效率）之外，还应该时刻以伦理原则和道德规范作为指导，追求以公平为价值理念的绩效和薪酬管理。

其次，企业应该科学、合理、公正地开展绩效管理工作。(1) 在绩效考核制度制定过程中，要结合企业及员工个人实际情况，制定过程要公开、民主、透明，考核目标及考核指标要科学合理，考核方法要切实可行。在科技员工考核目标制定方面，企业要基于整体战略规划来拟订绩效管理计划，企业领导者及高层管理者应根据外部市场竞争形势和企业内部自身特点来确定企业不同阶段、不同时期的任务和目标，然后将整体工作目标及任务分解至各个部门，各部门针对指定任务进一步纵向分解到每个科技员工，做到纵向到底，横向到边；部门经理经过科学合理的规划和安排，就科技人员的工作任务、岗位职责、绩效考评标准等问题同员工进行探讨，并结合工作任务特点来征求科技员工意见，尊重科技员工的建议或意见，使科技员工有机会参与企业绩效管理过程，并尽量达成关于科技员工目标的一致认识，这样可以避免组织赋予科技员工的任务过高无法完成，降低其积极性和主动性，或任务过低而无不具有挑战性，影响科技员工进取心态，目标任务科学合理，可使得科技人员能够顺利完成，确保考核的前提即目标达成不出问题，也保证后续考评工作的公正性、合理性。可以说，绩效管理强调组织目标和个人目标的一致性，强调组织和个人同步成长，形成“双赢”局面。此外，在考核指标选取方面，针对科技型企业对社会经济效益及社会效益的影响，可以选取“德、能、勤、绩”四个方面，进行衡量科技人员的业绩情况。“德”主要是指科技人员应该具备一定思想道德品质、政治觉悟意识以及心理素质等，“德”是科技人员的灵魂，是“才”的基础和前提；科技管理人员及科技人员作为社会财富的主要创造者，应该具有高尚的道德品质、较高的政治觉悟意识、良好的心理素质，具有责任意识、创新意识、大局意识、进取精神，遵守法律法规和职业道德规范等；“能”则要求科技人员具备一定思维能力、认识能力、动手能力、创新能力、表达能力以及协调能力等；“勤”主要指科技人员应该具备勤奋努力、积极思考、勤于奉献的敬业精神，具有良好积极性、主观能动性和创造性等；“绩”是指科技人员的工作实绩或者业绩，体现为完成的工作数量、工作质量、创造力以及由此而产生的各种社会效益和经济效益。考核指标的设立要遵循目标导向原则、相互独立原则、SMART原则（明确的、可测量的、能达到的、相关的以及时间限制的）、成本效益原则以及动态原则，注意考核指标的相对标准与绝对标准；在考核方法的选用上，不同类型、不同规模、不同阶段的科技企业可以采取不同的考核方法，结合科技企业实际情况采用排列法、对比法、关键事件法、目标管理法、行为观察法、绩效标准法、360度考核法和平衡积分卡方法等，建议以结果导向型评价方法为主，结合其他有效考核方式进行。（2）在绩效考核实施方面，考核过程要实事求是地反映科技员工的贡献与责任，要科学公正地对员工的表现进行评价；考核者要经过全面细致的专业培训，以提高管理者的绩效评价能力，消除多数科技型企业考核存在的考核误差（如考核指标理解误差、晕轮效应、趋中效应、近因效应、压力误差及自我对比误差等），细化考核标准，避免不同职务之间的考核比较，掌握良好的沟通技巧，开展员工自我评价，以及提高考核评估者主观观察能力和记录技巧能力等。(3) 绩效考核要注意双向沟通，即主管和下属之间要保持顺畅的双向沟通，及时反馈，以使科技员工各方面不断改进提高。以绩效考核为主的绩效管理体现着“以人为本”的管理思想，在绩效管理的各个环节中都需要管理者和员工的共同沟通及参与。通过双向的沟通交流，管理者可以将企业整体战略、部门目标、员工目标等传达给科技员工，致力于双方达成共识，使员工能够认识到其本身目标的达成对所在部门、企业目标完成的重要意义，进而明确科技员工的自身价值和重要性；通过双向沟通交流，可以起到员工参与企业管理的主人翁作用，使科技员工的价值、地位和创新能力得以充分尊重和重视；通过沟通交流，还可以讨论员工的绩效评价以及在下一阶段考核的目标要求，以使员工及时了解自己的优点及不足，了解自己的贡献，以帮助其不断完善自己，顺利实现其既定任务或目标，保证其健康成长。在这方面，IBM 公司做得很好，建立了基于沟通的内部申诉机制，设立投诉意见箱，完善与高管人员会谈制度、员工意见调查制度等，使科技员工能够畅所欲言，管理层能够及时反馈。

最后，公平公正、公开合理地进行薪酬管理。

薪酬管理应体现为在合法且遵循一定的管理原则及道德规范的前提下追求效率与公平。在薪酬制度的制定方面，要遵循科学性、合理性和竞争性的指导思想，即主要是指薪酬制度对内要科学合理，对外要体现竞争优势。薪酬管理制度制定过程中要充分上尊重科技员工的主体地位，体现以人为本的管理理念，根据科技员工希望被认可、被尊重、愿意体现主观意志及参与管理的特点，在企业内部可采用民主的方式公开征求科技人员对薪酬制度及管理工作的意见或建议，能够体现大多数科技人员建议或意见的绩效管理制度也容易被员工所接受、认可和支持，在执行方面也会更加顺利通畅。良好的薪酬管理将会为企业留住优秀的科技员工队伍，鼓励科技人员不断提高其工作技能和水平。具体来说应做好下列相关工作：(1) 有效的薪酬管理制度的制定要坚持公平性、合法性、及时性和动态性原则。①公平性就是要使薪酬管理体现出外部公平性（不同企业中相同职位或员工薪酬相同）、内部公平性（同一企业不同职位或员工的贡献与其薪酬成正比，同一企业相同职位或员工的贡献与薪酬成正比），避免现阶段很多国有科技企业出现整齐的“一刀切”现象，严重影响科技员工的积极性和主动性。公平建设要注意包括机会公平、分配公平和过程公平。机会公平要求同等条件的企业科技员工拥有同样的参与企业薪酬管理、提供建议及发展机会等；分配公平是指企业在进行薪酬分配及采取各种奖励措施时，应按其业绩或绩效公平合理地发放薪酬。如 IBM 公司的薪酬战略是实行绩效导向的薪酬管理制度，以科技员工绩效高低来支付薪酬，将高额的奖励分配给为公司做出贡献最多的人，这样就能够做到按劳分配，使每一个员工都能够积极主动地去开展工作；过程公平是企业制定薪酬及奖惩方案时，其决策标准或方法符合公正、平等原则，程序透明公开、奖惩标准明确等。②合法性是指科技企业的薪酬管理制度要符合国家、地方政府相关法律法规、行政规章和政策的规定，合法性是其伦理管理的最基本原则之一，也是体现企业进行科技人力资源管理的最低伦理要求。如《劳动法》规定的最低工资制度和禁止强迫加班制度，尤其是关于工作日加点、周休日加班和法定节假日加班的法定薪酬支付规定，社会保障法中关于法定的失业保险、养老保险、工伤保险、医疗保险制度等。③及时性是指对科技员工的薪酬发放应该及时到位，不能拖欠或迟延，否则会违反劳动法律法规中关于按月足额以货币发放等的相关规定，以使科技人员生活得到保障。④动态性是指薪酬管理应该根据内外环境的变化及时调整，要根据科技人员的业绩、创新能力、职位及工作年限和外部环境的情况而及时调整，确保员工的合法利益不受到侵害，给科技人员带来较高的满意感和信任感，以提高其工作绩效。（2）在薪酬管理制度的执行方面，要遵循透明、公开、灵活和严谨的原则。在薪酬制度运行过程中，要避开现阶段大多数科技企业实行的“秘密薪酬制”，如包括联想集团在内的中关村地区 88%以上的科技企业实施不公开的“秘薪制”（或称“保密薪酬制”），即科技员工薪酬分配标准是公开的，但具体到某个员工个人的薪酬金额数量是保密的，这种做法缺乏透明度，有时很难保证薪酬的公平型和公正性。这种做法在某种程度上来讲虽可以稳定队伍，但也是为了防止员工进行薪酬比较，可以说是不科学的做法。在灵活性方面，薪酬管理实施过程中对科技人员可实行短期激励与长期激励相结合的方式，短期激励可包括科技人员的基本薪酬、年薪、短期或年度激励计划、福利计划等；长期激励可以包括科技人员的股票期权、员工持股计划以及现阶段较为流行的技术入股等方式进行激励，这样可实现“以人为本”的伦理管理，使员工能够当家做主，与企业共担风险，共享利润，增强技术核心员工的凝聚力，激发员工潜能，提升企业竞争力；同时，要注意外部薪酬（如物质及福利待遇、特殊津贴等）和内部薪酬（如认可、晋升、员工参与等）奖励的有机结合，这样，就可以在企业中形成一个向研发倾斜、向贡献倾斜的符合公平、公正原则的薪酬分配管理机制，打破提薪加薪人人有份的不合理惯例，严格按科技人员的工作绩效进行考核及薪酬分配；企业应根据自身的盈利情况和行业状况，对在企业发展中有突出贡献的科技人员给予相应的重奖，使他们更好地为企业发展贡献力量；企业也可以根据科技员工的特点及需求不同，将福利分成不同的等级项目来实施“福利超市化”，科技人员可以根据自己的工作资历及自身需求选择所需的福利项目，进而满足员工的不同需求，进行福利的人性化管理，确保科技人员得到这些应该得到的待遇。上海贝尔公司为科技人员推出了无息购房、无息购车等体贴员工的关怀优惠政策，由员工自主选择，帮助员工解决生活上的难题，使员工忠诚度和凝聚力进一步提高。此外，科技企业要树立良好的企业信用形象，严谨自律，坚守相关的薪酬制度或奖惩承诺，讲信用，承诺的薪酬待遇或奖惩事项积极兑现，否则，就不能保证公正地执行薪酬管理制度，就会有失最基本的道德守信形象，在科技员工心目中造成恶劣影响，使科技员工无法相信企业管理的公正性，可能陷入巨大的困境之中，降低科技人员的积极性和主动性，甚至离职。

第五节　实现以个体全面发展为目的的员工职业生涯管理

职业生涯设计是员工为自己在企业的发展而设定的科学发展规划，企业如果能够为科技员工设定科学合理的职业生涯规划，实际上就是对科技员工的发展负责，有利于科技员工目标的实现，也是科技人力资源管理的伦理行为表现。目前，国内外学者（如玛汉·坦姆仆，2001；和文魁、吴红梅，2004）对高科技企业的知识员工进行了实证研究，发现在众多知识型员工的需求因素，如个体成长、工作自主、业务成就、金钱财富和人际关系中，排在第一位的是个体发展及成长，比例达33.7%，高于其他各项因素所占比例。所以说，促进个体的职业成长是高科技企业知识员工的第一激励因素和员工发展的主要需求。目前，国外大多数科技企业都能够把员工职业生涯管理作为人力资源管理的一项基础性工作。摩托罗拉公司总部能够将个人发展目标与组织发展目标结合起来，确定员工合理的职业生涯发展规划，从而使技术员工健康成长，企业不断发展壮大；微软公司人力资源部制定有“职业阶梯”文件，详细列出科技员工从进入公司开始、逐级向上发展所有可选择的职务，并且明确了不同职务须具备的能力和经验，这使员工感到个人的职业发展前景乐观，因此很少有人跳槽；日本丰田公司实行“事业在于人”的经营理念，形成了独特的“丰田式”职业管理模式；坦丁姆计算机公司（美国）创始人詹姆士为了关注每位员工的目标实现及未来发展，要求每个技术人员制定一份自己期望能够得到的专业培训、进修学习以及发展目标的五年战略规划，使得公司内部大多数技术员工都极为赞成该做法，并主动将自己的成长规划与公司的目标和发展联系在一起，具有高度的责任心和自豪感，积极奉献自己的力量；西门子也非常重视科技员工的职业发展，在全球范围内实施了其科技人力资源管理制度中最成功和最具特色的“员工综合发展计划”（comprehensive personnel development,

CPD)，包括CPD员工圆桌会议和对话，积极关注企业科技员工5年、10年甚至终生的职业发展规划，以保证科技员工全面健康成长，可以说这是其关注科技员工未来发展非常有特色的一种较为成功的科技人力资源管理方法，使科技员工综合发展得以被重视，并和组织的目标有机结合起来。然而，国内多数科技企业在对科技人员管理的过程中经常出现不重视员工的职业生涯发展规划，即使有的科技企业考虑到这一点，也不是以科技员工个体全面发展为目的的职业生涯管理，而是基于企业利益而采取的一些简单措施罢了。因此，科技人员的职业生涯管理应该引起重视，尤其要做好以下几项相关工作：

首先，树立以德智体全面发展为基础的科技员工职业生涯管理理念。企业作为市场经济的重要主体之一，是进行社会技术创新的主要力量，也是大多数科技人员的工作场所，是其科技人员离开学校后继续受教育并不断成长的重要环境。企业除了关注自身的经济利益外，还要勇于承担社会责任，尤其是在关注人的发展方面，要积极关注科技员工的健康成长，包括关注科技人员道德品质培养、智力开发及能力提升、身心健康等方面的发展，并以此为理念为前提，做好科技人员的职业发展规划，也就是说，企业不仅要关注科技人员的职业目标，还要关注科技人员的品德水平、潜能开发、身心健康等全面发展，这也是管理的伦理价值和内在转向，反过来也进一步体现出伦理的管理功能，提高科技人员的满意度和积极性，有助于提高人力资源管理的效率和水平。上海贝尔公司一直把员工看做是企业的重要资本，成立了上海贝尔大学，并结合员工个人发展目标去努力培养一支高素质的员工队伍，贝尔不但对科技员工开展入职培训、上岗培训和在职培训方式的专业技能培训和管理专项培训等，还积极关注科技员工的个人全面发展，鼓励科技员工接受继续教育和全面发展，极大提高了科技员工满意度、忠诚度和凝聚力。

其次，明确组织目标和个人目标相结合的职业生涯指导思想。企业在实现自己目标的同时，也应该积极地为科技人员的个人目标着想。企业可以美国著名社会学家、结构功能主义学派的创始人帕森斯提出的“人职匹配理论”为出发点，结合霍兰德的职业性向理论和萨柏的职业成熟度理论，积极考虑科技人员的职业性向，包括不同科技人员的价值观、动机和需要等，认真考察每一个体所具有独特的能力和特质，明确职业性向与职业环境互动的关系，协助科技员工为其设立科学合理的发展规划与目标。此外，需要从历史动态的视角把握科技人员个体的职业生涯设计，企业内部不同的职业岗位需要不同特质的个体，从而帮助科技人员找到最能体现和发挥其特性的工作。科技型企业可以萨柏“生涯彩虹图”为主要量度手段，认识到科技人员个体的年龄与其职业行为的发展水平应具备一定程度的匹配，确认科技人员个体的职业成熟度，形成每个科技人员的职业生涯模式和职业生涯主题，让个人发展与企业的发展结合起来，为员工设计出以员工个体发展的职业生涯规划合理方案，从而自发而高效地开展技术研发与应用工作。

企业是由多个个体组成的，个体的发展应与组织的发展密切相关，个体在德智体及职业上获得全面发展，必然会给企业的发展带来益处。摩托罗拉（中国）公司除了对科技人员加强技术培训和教育外，还积极支持科技研发人员参加全国职称外语考试、质量认证考试和全国经济统计专业知识考试等，以帮助员工拓展知识，提高职业技能，实现自己目标，促进个人全面发展。上海贝尔除了加强对员工的入职培训、技能培训外，还鼓励技术员工接受继续教育，如 MBA 教育、硕士和博士学历教育等，并承担员工学习费用，体现了积极提高员工技术能力、实现员工个体目标的人本管理精神，并将组织目标与个体目标有机结合起来。因此，个体发展目标与企业发展目标都必须得到同等的重视，根据企业和科技员工的需求、目标及其各构成内容，企业应该将科技员工的发展目标与组织的发展目标结合起来（见图 6—2），在这个指导思想下进行个体员工的职业生涯发展规划目标的设计与管理，才能达到最基本的人本管理要求，真正对科技发展员工负责，体现真正的科技人力资源伦理管理。

最后，建立管理岗位和技术岗位相结合的双重路径管理模式。

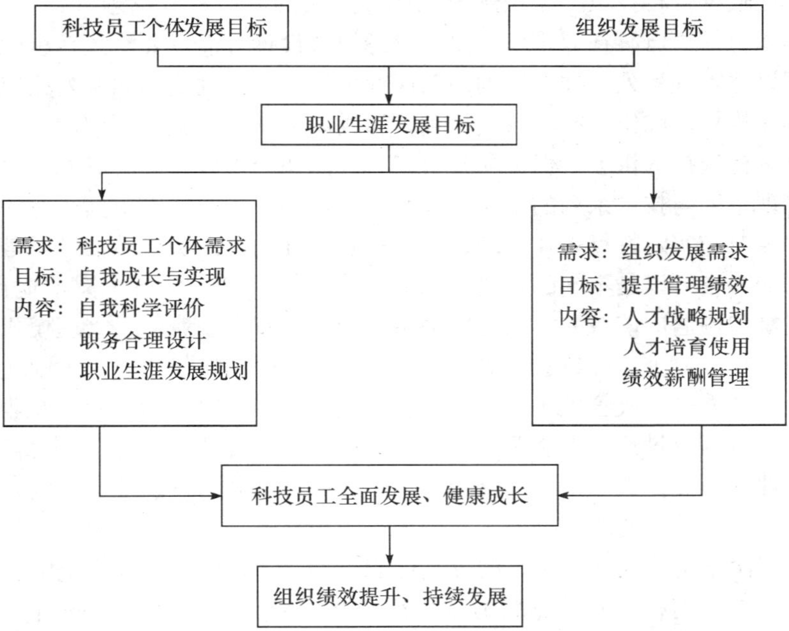

图 6—2 企业科技员工职业生涯发展目标管理图示

Fig. 6. 2 The figure of enterprise technology staff's career development goals management

在企业长期的惯性管理思维中，管理人员的价值经常被夸大，获取的报酬也比科技员工更高些，而技术人员的价值则经常被忽略。因此，在为员工设计职业生涯规划过程中，应注意双重职业路径的设计，即管理岗位与技术岗位相结合的双重路径发展的管理模式，双重职业路径是对技术专业人员充分发挥其才能的一个机会或方案，有利于其成长与才能的发挥，同时避免了科技人员在取得一定科研工作成绩后因技术发展路径过短而完全或彻底“弃研从政”，失去宝贵的专业技术发展机会。双重职业路径管理模式考虑不同员工个体的发展偏好及特点，给予员工在企业内部更多的选择机会，帮助其健康成长，是比较符合科技员工路径选择和职业发展的人力资源伦理管理行为，具体包括：（1）在双重职业路径管理模式设计方面，要注意在企业内部设立管理系列和技术系列两条职业发展路径，制定不同系列相应的人才规划、岗位分析、录用培训、激励和考核等措施，以增加科技人员进行选择的机会，促进科技员工自身的快速发展和健康成长。由于管理系列与技术系列的工作属性和特点不同，企业可以根据企业的具体情况和实际特点，在管理系列和技术系列的纵向层级结构可以是相同的，也可以是不同的，要注意到两个不同系列中的各个岗位地位、报酬和待遇应该有一定的对应关系。（2）在双重职业路径管理模式实施过程中，企业应成立双重职业路径管理的机构，如企业双重职业路径管理委员会或管理小组，其成员由企业领导、中层管理者、专业科技人员以及科技人力资源管理人员组成，其主要领导由科技人力资源管理部门负责人承担，委员会各自人员应秉承公正、合理的原则来开展工作，其主要职责是分析并确认企业内部管理系列及技术系列各自的层次结构等级和数量，明确其任职条件、工作任务、职责范围、考核标准、福利待遇及竞聘方式，解释相关政策及具体管理施行办法等。华为企业设计的双向晋升通道规定：新进员工先从基层业务人员做起，上升为骨干后可以根据自己的喜好和特点，选择管理系列、技术系列作为自己未来的职业发展道路；在达到高级职称之前，基层管理者和技术核心骨干之间、中层管理者与技术专家之间的工资待遇相同，同时两个职位之间还可以相互转换；到了高级管理者和资深技术专家的职位时，管理者的职位和技术专家的职位不能改变，管理者的发展方向是职业经理人，而资深专家的职业是专业技术人员。此外，华为完善的职业发展通道和为员工量身打造的员工个人导师制度能够有效地帮助员工健康成长，稳定了科技人员的队伍和数量，降低了企业优秀员工的离职率；中国南车公司通过学习运用华为的任职资格双向晋升通道后，合理地解决了科学技术人员希望转为管理人员的难题，同时也使企业的人才队伍结构更稳定。

第七章 研究结论与未来展望

第一节 研究结论

第一，企业科技人力资源管理伦理、企业科技人力资源管理绩效是由不同维度构成，并可进行检测和验证的。本研究开发出了企业科技人力资源管理伦理四维度测量量表和科技人力资源管理绩效测量量表；通过测量量表的实测数据分析，对企业科技人力资源管理伦理的构成维度、企业科技人力资源管理绩效构成维度进行了检测和确认。此外，通过调查问卷的统计分析，发现了目前我国企业科技人力资源管理存在一些伦理问题，如招聘用人歧视、绩效考核不公正、薪酬福利不公平、科技员工身心健康得不到保证以及忽视科技员工职业生涯管理等。

第二，企业科技人力资源管理伦理对科技人力资源管理绩效、企业绩效存在正向影响关系。通过实证研究发现，企业科技人力资源管理伦理对科技人力资源管理绩效有正向影响；企业科技人力资源管理伦理可通过科技人力资源管理绩效进而对企业绩效产生正向影响，也可直接对企业绩效产生正向影响，但是直接影响的相关程度不如通过科技人力资源管理绩效的影响更显著，由此构建了科技人力资源管理伦理影响企业绩效的理论模型。

第三，为提高企业绩效，企业科技人力资源管理伦理建设应且能够通过一定的路径和策略进行。在确认企业科技人力资源管理伦理建设目标的前提下，企业科技人力资源管理伦理建设应该遵循一定的伦理理念、伦理原则和道德规范，通过建立以公开公正为主导的伦理监督机制、开展以效率公平为理念的绩效薪酬管理、实现以关怀员工为主旨的职业生涯管理、开展以民主管理为核心的企业文化建设和提高科技人员的科技伦理素质等方式进行，有效提高企业科技人力资源管理绩效，促进企业健康持续发展。

第二节　研究局限与未来展望

一、研究局限

首先，本研究调查收集的数据范围多数以北京中关村地区为主，尚未扩展至全国经济较发达的其他地区，这样样本分析的结果更多反映的是北京中关村地区的企业科技人力资源管理伦理的基本情况。因此，希望以后能够将调查范围扩展至全国其他地区，获取更多的数据信息，以求得更全面的企业科技人力资源管理伦理研究探索。

其次，本研究在实地走访调查过程中采访的对象，尤其是采访一些高科技企业的人力资源管理者，他们反映的情况与科技员工反映的情况有一些出入，这些管理者有时并未真正地进行分析和答复。因此，在调查信息资料获取方面，还应该更深入一些，探求企业内部科技人力资源管理伦理建设的真实情况，使论文具有更强的针对性和深刻性。

最后，由于目前对企业科技人力资源管理伦理研究极少，本研究在该领域的研究也尚属首次。因此，由于篇幅有限及研究时间的关系，本研究尚未对国内不同类型企业、不同行业、不同时间与不同区域的科技人力资源管理伦理情况进行研究，这是比较遗憾的地方，也是今后努力研究的方向。

二、未来展望

本研究对企业科技人力资源管理伦理问题进行研究，但仍然有一些值得继续探讨的重要研究领域。

首先，企业科技人力资源管理理论建设对科技员工绩效的作用方式是怎样的，科技员工的工作绩效是否是企业科技人力资源管理伦理与企业绩效之间必经的中介桥梁，其影响程度如何等都是未来将要研究的重要内容。

其次，不同区域、不同行业、不同时间的企业科技人力资源管理理论建设方案应该是不同的，既有能够为多数企业科技人力资源管理伦理建设适用的一般原则和建议，也有特殊研究对象所独有的特殊原则和措施，将来可以针对不同研究对象开展相应的深入研究，不断丰富和完善该领域的研究内容。

再次，该研究将来还可以对调查样本进行持续跟踪调查，并不断扩大样本数量，进一步验证企业科技人力资源管理伦理与企业绩效之间的相关关系和影响机制，这给将来的研究留下空间。

最后，该研究还可以对企业科技人力资源管理伦理建设方案和措施进一步细化，并可以为一些科技企业提供具体的建设和实施方案，将理论研究应用到实践管理之中，为企业科技人力资源的伦理化管理提供有效指导。

参考文献

[1] 赵曙明．人力资源管理理论与现状分析 [J]．外国经济与管理，2005.27（1）：15—20

[2] 王泽琴，安捷伦．裁员的最佳实践，www.hroot.com，2004—03—31

[3] 国家统计局．中国科技统计年鉴 [M]．北京：中国统计出版社，2004

[4] 中国科学技术协会调研宣传部和发展研究中心．中国科技人力资源发展研究报告 [M]．北京：中国科学技术出版社，2008.

[5] 刘林青．作品共被引分析与科学地图的绘制 [J]．科学学研究，2005.4：155

[6] 冯明，郭雅丽．国外人力资源管理伦理困境研究及其启示 [J]．华东经济管理，2008（22）．

[7] 何国祥．关于中国科技人力资源的总量、结构与流动的研究与思考 [J]．科学观察，2008（3）

[8] 李燕萍，施丹．中部地区科技人力资源流动态势调查、分析与对策建议 [J]．科技进步与对策．2009（26）

[9] 王奋，韩伯棠．科技人力资源区域集聚效应的实证研究 [J]．中国软科学，2006（3）

[10] 张利华，陈钢，何革华．促进中国女性科技人力资源开发的政策研究 [J]．中国科技论坛，2008（4）

[11] 于嘉临，刘畅．企业人力资源管理中的伦理问题及对策［J］．边疆经济与文化，2009（3）
[12] 焦国成．论伦理——伦理概念与伦理学［J］. 江西师范大学学报（哲学社会科版），2011.（2）
[13] 徐志伟．论现代企业伦理［J］. 创新，2009（5）
[14] 罗国杰等，伦理学教程［M］．北京：中国人民大学出版社，1986
[15] 魏英敏，金可溪．伦理学简明教程［M］．北京：北京大学出版社，1984
[16] 罗尔斯，何怀宏等译．正义论．北京：中国社会科学出版社，1998
[17] 汤正华．中西管理伦理比较研究［D］
[18] 陈慧．人力资源管理研究综述［J］．北京邮电大学学报（社会科学版），2002（7）
[19] 张德．组织行为学［M］．北京：高等教育出版社，2008
[20] 戴艳军．科技管理伦理导论［M］．北京：人民出版社，2005
[21] 赵培杰．科技发展的伦理约束和科学家的道德责任［J］．道德与文明，1991（1）
[22] ［英］M. 戈德史密斯·A. L，马凯译．科学的科学——技术时代的社会［M］，北京：科学出版社，1985
[23] 李学民．我国企业人力资源管理伦理与绩效关系的实证研究［D］．重庆大学，2009
[24] 万君宝．管理伦理［M］．上海：上海财经大学出版社，2005
[25] 唐闰兰．企业科技人力资源招聘的风险分析及防范［D］. 四川大学

[26] 石卫平，何银燕，安孟长．中央企业科技人才队伍建设现状探析——基于中央企业科技人才问卷调查和实地调研的分析 [J]．航天工业管理，2009 (9)

[27] 袁慧．国有企业科技人才队伍管理的误区 [J]．石油教育，2002 (1)

[28] 刘凤姣．长沙克雷科技有限公司员工绩效考核体系研究 [J]．湖南大学学报

[29] 陈涛，李廉水．不同组织科技人员薪酬满意度影响因素的比较分析——基于江苏省 12000 份调查问卷的研究 [J]．管理世界，2008 (1)

[30] 中国科学技术协会调研宣传部．2008 年中国科技工作者状况调查 [J]．科技导报，2009 (13)

[31] 中国科协发展研究中心"科技工作者需求状况调查研究"课题组．求实、创新、报效祖国——中国科技工作者需求状况调研分析 [J]．科技导报，2009 (27)

[32] 欧阳润平．企业伦理——实现义利统一的恩理论与方法 [J]．长沙：湖南大学出版社，2008 (11)

[33] 王凌．浙江民营企业科技人员现状调查与发展思考 [J]．企业活力，2006 (11)

[34] 司鸿恩，赵素芳．新疆大型国企青年科技工作者状况调查研究分析及政策建议 [J]．山东纺织经济，2010 (1)

[35] 刘峰等．科技人力资源聚集与北京市高新技术产业发展研究 [J]．中国科技促进发展研究中心

[36] 鲁汉玲．企业科技人员组织承诺的实证研究 [J]．企业经济，2009 (7)

[37] 龚荒，付金会，张爱珍．国有煤炭企业科技人才思想状况调查与分析［J］．煤炭经济研究，2002（7）
[38] 朱好，吴春蕾．我国企业员工职业生涯管理问题研究［J］．价值工程，2006（8）
[39] 王文玲．宁波市科技工作者状况与需求调查分析［J］．三江论坛，2010（4）
[40] 蒋星，程业昭．企业青年科技工作者心理状况个案调查与思考［J］．科协论坛，2010（1）
[41] 石卫平，何银燕，安孟长．中央企业科技人才队伍建设现状探析——基于中央企业科技人才问卷调查和实地调研的分析［J］．航天工业管理，2009（9）
[42] 企业科技人力资源的主要问题及基本经验研究
[43] 徐世勇，李钢．我国科技工作者工作压力状况的实证分析与启示［J］．生产力研究，2005（1）
[44] 陈国政．上海非公企业科技工作者队伍状况研究［J］．上海经济研究，2007（11）
[45] 杜士权．我国企业人力资源管理中的伦理问题研究［D］．2007（4）
[46]［美］成中英．文化、伦理与管理——中国现代化的哲学反思［M］．贵阳：贵州人民出版社，1991
[47] 姜萍，焦方义．人力资源管理与企业绩效关系研究［J］．黑龙江教育学院学报，2009（9）
[48] 卿放，干悦之．企业绩效评价方法研究：回顾与展望［J］．商业研究，2010（1）
[49] 徐维群．伦理管理——现代管理的道德透视［M］．上海：学

林出版社，2008

[50] 陆晓禾．“伦理管理悖论”及其争论［J］．道德与文明，2007（5）

[51] 项光勤．日本、美国人力资源管理对我国企业管理的启示［J］．中共长春市委党校学报，2006（12）

[52] 白春礼．杰出科技人才的成长历程——中国科学院科技人才成长规律研究［M］．北京：科学出版社，2007

[53] 喻剑利，曲波．社会责任标准体系下的我国中小企业人力资源管理策略［J］．科技进步与对策，2010（5）

[54] 喻剑利，曲波．社会责任标准体系下的我国中小企业人力资源管理策略．科技进步与对策［J］，2010（9）

[55] 方光罗．试论企业伦理道德建设［J］．商业时代，2009（11）

[56] 花蕾，田英．坚持以人为本搭建党和政府与科技工作者的连心桥企业层面［J］．科协论坛，2010（2）

[57] 中国科协非国有企业科技人员及科协组织状况调研组．关于非国有企业科技人员及科协组织状况的调查报告［J］．科协论坛，2007（10）

[58] 周俊敏．论企业伦理形象的塑造［J］．湖南师范大学社会科学学报，2009（1）

[59] 文魁，吴冬梅．异质人才的异常激励——北京市高科技企业人才激励机制调研报告［J］．管理世界，2003（10）

[60] 廖全文．人力资源管理经典案例［M］．北京：高等教育出版社，2005（8）

[61] 赵玲，李全喜，王哲．科技工作者职业发展研究综述［J］．科技与管理，2009（5）

[62] 卢怀宝．国有企业科技人才晋升双梯制的建立与实施［J］．油气田地面工程，2006（1）

[63] 谢琳，余晓明，米建华．危机下的股权激励——以华为公司为例［J］．中国人力资源开发，2009（6）

[64] Lucas R E，On the Mechanics of Economic Development［J］．Journal of Monetary Economics，1988. 22：3—42.

[65] Marceau J，Turpin T. Innovation agents and innovation tracks：CSIRO research scientists and their peers［J］．Innovation—Management Policy & Pratice，2007（9）：125—135

[66] Ying—Chyi Choua，Ying—Ying Hsub，Hsin—Yi Yen. Human resources for science and technology：Analyzing competitiveness using the analytic hierarchy process［J］．Technology in Society，2008（30）：141—153

[67] Studdard N，Darby R. From social capital to human resource development：a cross cultural study of the role of HRM in innovation and entrepreneurship in high technology organizations［J］．Euorpean Journal of International Management，2008（2）：333—335

[68] Nag R，Corley KG，Gioia DA. The intersection of organizational identity，knowledge，and practice：Attempting strategic change via knowledge grafting［J］．Academy of Management Journal，2007（50）：821—847

[69] Mithas S，Krishnan MS. Human capital and institutional effects in the compensation of information technology professionals in the United States［J］．Management Science. 2008

(54): 415—428

[70] Kevin C, Wooten. Ethical dilemmas in human resource management An application of a multidimensional framework, a unifying taxonomy and applicable odes [J]. Human Resource Management Review. 2001. 11: 159—175

[71] Brun JP, Dugas N. An analysis of employee recognition: Perspectives on human resources practices [J]. International Joural of Human Resource Management, 2008 (19): 716—730.

[72] Wright PM, Snell SA. Partner or guardian? HRs challenge in balancing value and values [J]. Human Resource Management, 2005 (44): 177—182

[73] Bayo A, Larraza M. profit—sharing plans and affective commitment: does the context matter? [J]. human resource management, 2009 (48): 207—226

[74] Huselid Mark. The impact of human resource management practices on turnover, productivity, and corporate financialperformance [J]. Academy of Management Journa, 1995. 38 (5): 673—703.

[75] María de la, Cruz Déniz—Déniz, Petra De Saá—Pérez, Are—source—based view of corporate responsiveness toward em—ployees [J]. Organization Studies, 2003 (24)

[76] Sternberg Elaine, Business ethics in action [M]. London: Oxford, 2000

附录 A　企业科技人力资源管理伦理调查问卷

尊敬的先生/女士：

您好！该问卷是一份关于企业科技人力资源管理伦理的调查问卷，敬请您协助回答下述相关问题。该问卷采取不记名形式，不会涉及您的个人利益，其数据结果将作为高校进行科学研究的重要依据，恳请您根据企业和您个人的实际情况作答，您的回答将是该科研项目成功的关键，请您在相应的信息或答案上画“√”。

衷心感谢您的大力支持和帮助！

第一部分　个人基本信息

1. 年龄：	□20～30 岁	□31～40 岁
	□41～50 岁	□51～55 岁
2. 性别：	□男	□女
3. 受教育程度：	□高中及以下	□专科
	□本科	□研究生
4. 工作年限：	□3 年以下	□3～5 年
	□6～10 年	□10 年以上
5. 工作职务：	□一线员工	□基层管理者
	□中层管理者	□高层管理者
6. 工作岗位：	□人力管理	□科学研究
	□技术开发	□其他

第二部分　企业基本信息

1. 企业名称：________________

2. 企业性质：　□国有企业　□集体企业　□私营企业　□外资企业　□其他

3. 企业规模：　□100 人以下　□101～200 人　□201～300 人　□300 人以上

4. 研发领域：　□制造领域　□建筑领域　□计算机领域　□生物工程　□其他

5. 企业年龄：　□3 年以下　□3～5 年　□6～10 年　□10 年以上

6. 发展阶段：　□创业期　□成长期　□成熟期　□衰落期

第三部分　企业科技人力资源管理伦理调查

请您根据企业科技人力资源管理实际情况在相应分值上画“√”，谢谢！

项　目	从来没有	不经常	有时	经常	总是
1. 企业招聘过程公正，不存在性别、年龄、户籍等歧视现象	1	2	3	4	5
2. 应聘人员在同等条件下，企业能够坚持公正、公平招聘原则	1	2	3	4	5
3. 企业的招聘过程是向社会公开的、透明的	1	2	3	4	5

续表

项　目	从来没有	不经常	有时	经常	总是
4. 企业有良好的用人制度，能够吸引外部科技人才加入	1	2	3	4	5
5. 企业对员工任用能够进行公开竞争、任人唯贤	1	2	3	4	5
6. 技术员工考核标准是科学公正的，符合员工的工作特点	1	2	3	4	5
7. 技术员工绩效考核的过程是公开、透明的	1	2	3	4	5
8. 绩效考核制度能够征求员工的建议或意见	1	2	3	4	5
9. 能够严格认真地执行企业绩效考核制度	1	2	3	4	5
10. 企业建立了良好的绩效考核监督机制	1	2	3	4	5
11. 企业能够按照员工贡献的大小进行合理的报酬分配	1	2	3	4	5
12. 企业的薪酬制度能够随着环境变化进行相应的调整	1	2	3	4	5
13. 员工能够对企业的激励制度提出合理的建议	1	2	3	4	5
14. 企业为员工制定了良好的职业发展规划	1	2	3	4	5
15. 企业有科学、规范的人才奖励和晋升制度	1	2	3	4	5
16. 企业为员工提供了不断成长和进步的机会	1	2	3	4	5
17. 企业能够对员工定期进行体检	1	2	3	4	5
18. 企业的目标和员工的目标能够经常保持一致	1	2	3	4	5
19. 企业关注员工的心理健康问题，能开展心理咨询或引导工作	1	2	3	4	5
20. 企业有良好的科技人员进行技术创新环境和制度	1	2	3	4	5

续表

项　目	从来没有	不经常	有时	经常	总是
21. 企业能够定期地向员工发放劳动保护用品	1	2	3	4	5
22. 企业能及时了解员工的工作压力及任务是否过重情况	1	2	3	4	5
23. 企业中的各种报酬及奖励的分配过程是公开透明的	1	2	3	4	5
24. 企业建立了完整的养老、失业、工伤、医疗保险制度	1	2	3	4	5
25. 企业有舒适、安全的工作物理环境	1	2	3	4	5

第四部分　科技人力资源管理绩效调查

请您根据您个人和企业的绩效情况在相应分值上画“√”，谢谢！

项　目	从来没有	不经常	有时	经常	总是
1. 招聘、培训、薪资费用预算能够按照计划达成	1	2	3	4	5
2. 技术研发预算费用达成率较高	1	2	3	4	5
3. 科技人员的工作任务或工作目标完成率较高	1	2	3	4	5
4. 科技人员的产出能够给企业带来较好的经济效益	1	2	3	4	5
5. 人力资本投入与产出比值越来越小	1	2	3	4	5
6. 企业能够保持一定的市场占有率	1	2	3	4	5
7. 客户对企业的满意度不断提高	1	2	3	4	5
8. 科技人员对企业的满意度不断提高	1	2	3	4	5
9. 企业的人力资源战略规划较为科学	1	2	3	4	5
10. 人力资源管理制度体现了公平公正性	1	2	3	4	5

续表

项　目	从来没有	不经常	有时	经常	总是
11. 招聘、培训、绩效及薪酬管理等流程能够得到不断优化	1	2	3	4	5
12. 科技人员及各部门之间能够很好地进行合作	1	2	3	4	5
13. 能够得到持续的技术研发经费支持	1	2	3	4	5
14. 企业员工培训计划能够按时完成	1	2	3	4	5
15. 科技人员的学习和适应能力在不断加强	1	2	3	4	5
16. 科技人员的创新意识和创新能力不断提升	1	2	3	4	5
17. 科技人员能够互相支持，合作互助，共同成长	1	2	3	4	5
18. 科技人员流失率降低	1	2	3	4	5

第五部分　企业绩效调查

请您根据您个人和企业的绩效情况在相应分值上画“√”，谢谢！

项　目	从来没有	不经常	有时	经常	总是
1. 企业资产成本结构合理，成本费用预算达成率较高	1	2	3	4	5
2. 企业资产运营状态良好，投资回报和收益率较高	1	2	3	4	5
3. 企业研发的科技产品销售利润率较高，盈利较好	1	2	3	4	5
4. 企业现金流量管理体系科学，能保证研发工作正常开展	1	2	3	4	5
5. 企业能够有效募集资金，并有较好的债务偿还能力	1	2	3	4	5

续表

项　目	从来没有	不经常	有时	经常	总是
6. 企业科技产品拥有稳定市场份额，市场占有率逐年提升	1	2	3	4	5
7. 企业科技产品的顾客满意度较高，有较好的客户维持率	1	2	3	4	5
8. 顾客对科技产品或技术服务感到满意，有一定的忠诚度	1	2	3	4	5
9. 企业重视利益相关者权益，并积极开展公共关系工作	1	2	3	4	5
10. 企业能够积极考虑和尽可能提高顾客的获利程度	1	2	3	4	5
11. 企业各项工作计划性强，规章制度科学合理	1	2	3	4	5
12. 企业内部各项业务流程能够有序进行，正常开展	1	2	3	4	5
13. 企业能够根据市场需求及时研发新产品，成功率高，周期短，能按时上市	1	2	3	4	5
14. 企业鼓励产品、技术和服务等方面创新，并对创新员工进行相应奖励	1	2	3	4	5
15. 企业重视售后服务工作，对顾客的反馈和建议进行快速妥善处理	1	2	3	4	5
16. 企业关注员工全面发展，每年都有科学合理的员工学习和培训计划，培训目标达成率较高	1	2	3	4	5
17. 员工能积极提出合理化建议，企业愿意接受员工提出的良好建议	1	2	3	4	5
18. 企业帮助员工制定职业生涯发展规划，协助其实现个人目标	1	2	3	4	5

续表

项　目	从来没有	不经常	有时	经常	总是
19. 科技员工对企业满意度较高，愿意留在企业工作	1	2	3	4	5
20. 科技员工能积极接受培训和学习，岗位任职资格达标率较高，研发能力有很大提升	1	2	3	4	5

调查结束，感谢您的参与和支持！祝您工作顺利！

附录B　企业科技人力资源管理伦理访谈提纲

您好!

感谢您参与我们目前开展的企业科技人力资源管理伦理调查科研项目，您的参与对我们了解企业内部的科技人力资源伦理化管理情况、进一步开展科研项目意义重大。

1. 您的工作岗位是什么?
2. 企业是否重视科技人员的伦理化管理?
3. 企业是否存在不公平不公正绩效和薪酬管理问题?
4. 您认为伦理化管理会提升员工及企业绩效吗?
5. 您所在的企业关心员工的全面发展吗?
6. 您所在的企业采取了哪些措施来进行伦理化管理?

非常感谢您接受我们的访谈!